Herrmann Hesse
s. S. 48

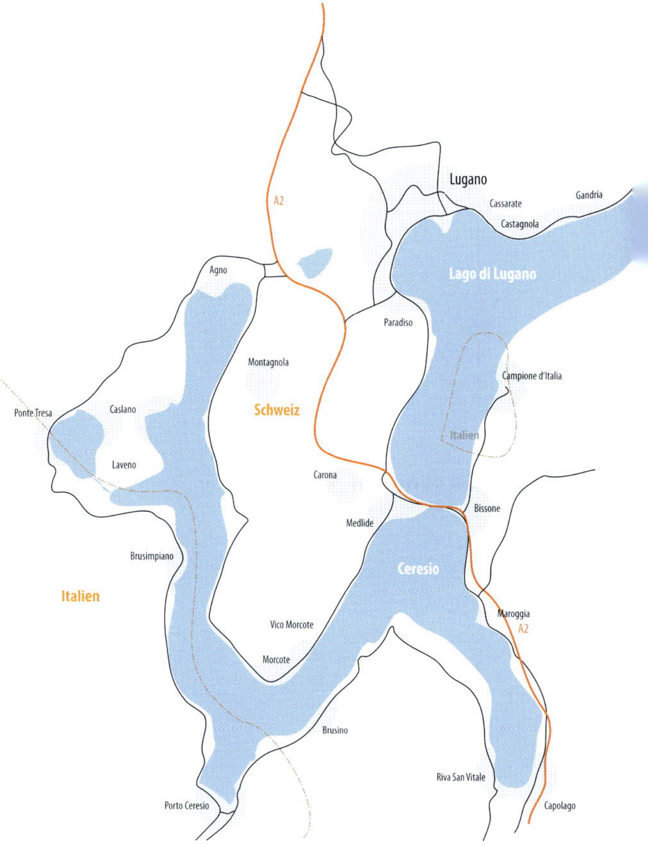

Lugano
Cassarate
Gandria
Castagnola
A2
Agno
Lago di Lugano
Paradiso
Montagnola
Campione d'Italia
Ponte Tresa
Caslano
Schweiz
Italien
Laveno
Carona
Bissone
Medlide
Brusimpiano
Ceresio
Italien
Maroggia
A2
Vico Morcote
Morcote
Brusino
Riva San Vitale
Porto Ceresio
Capolago

INHALTVERZEICHNIS

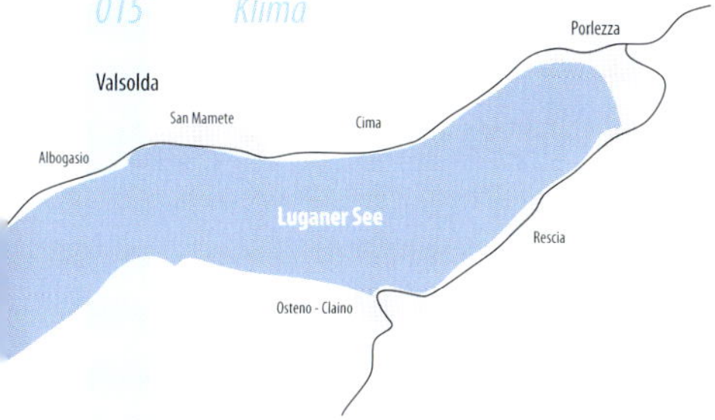

Luganersee

Wer paradiesische Landschaften und ebensolche Orte sucht, muss nicht weit reisen. Lugano mit dem See und seiner Region laden mit einer Vielfalt an Schönem und Interessantem zum Verweilen ein. Der See ist eingebettet in den südlichsten Zipfel des Tessins und erstreckt sich nach Italien hinein. Größter Touristenmagnet ist das mediterrane Klima, begleitet von viel Sonne und Wärme. Es wachsen sogar Zitrusfrüchte und Palmen im Angesicht der Alpen. Die Sommer sind warm, Frühling sowie Herbst zeigen sich mild und die Winter sind sonnig sowie ebenfalls von angenehmer Temperatur.

Besonders anziehend sind aber auch Landschaft und Orte. Der verästelte See ist von Bergen umgeben, die sich allesamt bequem mit Seilbahnen erobern lassen. So dominiert der Monte Generoso mit seinen rund 1 700 Metern die Gegend. Eine Zahnradbahn verbindet den Uferort Capolago mit dem Aussichtsberg. Der Blick in die italienische Alpenregion ist atemberaubend. Direkt vor Luganos Haustür ragen außerdem der Monte San Salvatore und der Monte Brè empor. Zwei Standseilbahnen verbinden unten mit oben. Eine Luftseilbahn führt auf die Sonnenterrasse von Serpiano, von wo aus das UNESCO-Weltnaturerbe des Monte San Giorgio zu erreichen ist. Der bewaldete Berg mit vielen seltenen Pflanzen ist eine der wichtigsten Fossilienfundstellen eines ehemaligen subtropischen Meeres aus dem Mitteltrias. Freunde maritimer Ausflüge kommen ebenso auf ihre Kosten: Mit dem Schiff lässt sich die Vielfalt der Region entdecken. So locken Morcote mit seinen Patrizierhäusern und der Kirche Santa Maria del Sasso, einem bedeutenden Renaissancebau mit spätromanischem Glockenturm in einzigartiger Aussichtslage, und Gandria, ein verwunschenes kleines Fischerdorf.

Kultur wird in der Region Luganer See ganz groß geschrieben. Ein Muss für Literaturfreunde ist das Hermann-Hesse-Museum in Montagnola, einem idyllischen Ort, an dem der Schriftsteller 42 Jahre seines Lebens verbrachte. Die Geschichte des Schmuggels dokumentiert das Schweizerische Zollmuseum bei Gandria. Die geografisch ohnehin kleine Schweiz wird im Swiss-Miniatur-Park nochmals komprimiert und zeigt die bedeutendsten Sehenswürdigkeiten der Alpenrepublik im Maßstab 1:25. Liebhaber des Roulettes kommen nicht minder auf ihre Kosten. Das Spielkasino in Lugano oder die Spielbank in der italienischen Enklave Campione d'Italia bieten eine Vielfalt an Glücksspielen in mondäner Atmosphäre. Wassersportler können zwischen Tauchen, Surfen, Segeln, Schwimmen und Wasserskifahren wählen. Die Strandbäder Lugano, Bissone, Castagnola, Caslano sowie Melide laden an ihre jeweiligen Strände zum Sonnenbad und Relaxen ein. Zu empfehlen ist auch der unweit südlich von Lugano liegende California Acquapark. Aber auch das Golf-Handicap kann hier verbessert werden. Wander-Freunde finden zahlreiche schöne Routen durch die Bergwelt, und Anhänger des Gleitschirmfliegens können vom Monte San Giorgio und Monte Generoso starten. Winterurlauber finden optimale Bedingungen in den Skigebieten Monte Lema und Monte Tamaro. Gleich welche Ansprüche Besucher haben, Lugano und See bieten eine Fülle an Freizeit-Aktivitäten.

Dieser Reiseführer, der einzige allein über den Luganer See überhaupt, zeigt die wichtigsten und schönsten Orte in Lugano und um den See herum und gibt hilfreiche Anregungen und Tipps. Sollten die Leser sehenswerte Plätze am Luganer See hier vermissen, so sind wir dankbar für jeden Hinweis.

Viel Spaß und Erholung am Luganer See wünscht

Ihr Zwischenräume-Verlag

DER **LAGO** DI **LUGANO**

Der Luganer See besitzt ganz zurecht den Ruf, ein wirklich exklusives Reiseziel zu sein. Mitten im Tessin gelegen, jenem mit einem ausgesprochen milden, südlichen Klima gesegneten Teil der Schweizer Alpen, vereint er aufs beste südliche und nördliche Lebensart. Tatsächlich gehört der See sowohl zur Schweiz als auch zur italienischen Lombardei und verfügt daher über die besten Voraussetzungen, sowohl Raum für das italienische Dolce Vita, als auch für schweizerische Solidität zu bieten. Der Luganer See umfasst eine Fläche von 48,7 Quadratkilometern und erhielt seine bekannte gezipfelte Form durch die geologischen Umbrüche der Eiszeit. Die Möglichkeiten, die Landschaft, die Städte und Sehenswürdigkeiten rings um den See zu erkunden, sind vielfältig. Selbstverständlich werden Ausflüge mit Fahrgastschiffen angeboten, die einen unvergleichlichen Blick vom Wasser auf die imposante Tessiner Bergwelt bieten. Gleichermaßen lohnen sich Wanderungen auf die direkt am Seeufer gelegenen Gipfel, zu deren bekanntesten der Monte San Salvatore und der Monte Brè gehören, um von hier aus die wunderschöne Aussicht über den sich hinunter nach Italien ausbreitenden See zu genießen. Der Monte Brè beherbergt einige kleine Ortschaften, in denen sich viele Künstler niedergelassen haben. Zu den bekanntesten gehört wohl der deutsche Schriftsteller und Nobelpreisträger Herrmann Hesse, der von 1919 an in Montagnola gewohnt hat. ‚Der Steppenwolf', ‚Siddharta' und ‚Klingsors letzter Sommer' wurden hier geschrieben, und noch heute befindet sich in Montagnola ein Museum mit vielen Erinnerungsstücken an ihn. Aber auch der Schlagerkomponist Michael Jary und der Schauspieler und Philosoph O.W. Fischer haben in der Region gelebt. Der wichtigste Ort am Seeufer ist natürlich Lugano selbst.

Lugano besitzt eine wunderschöne Altstadt mit den Flaniermeilen Via Nassa und Piazza Riforma, in denen sich eine große Anzahl sehr exquisiter Geschäfte unter Laubengängen befinden, wie wir sie aus vielen norditalienischen Städten kennen. Die Stadt ist architektonisch gespalten. Zum einen verweist die Altstadt mit ihren mittelalterlichen Villen auf eine prächtige Vergangenheit, zum anderen zeugen die vielen Betonblocks aus den siebziger Jahren des vergangenen Jahrhunderts von der Bedeutung Luganos als drittgrößte Schweizer Finanzmetropole und Bankenstadt. Touristen sollten sich vor allem die Kathedrale San Lorenzo, die zum ersten Mal 875 erwähnt wurde, und die Kirche Santa Maria degli Angioli ansehen. In letzterer befinden sich mehrere Gemälde von Bernhardino Luigi, einem Schüler Leonardo Da Vincis. Am Rande der Stadt befindet sich der Parco Civico, der mit seinen Palmen, Tulpenbäumen und immergrünen Gewächsen ein absolut südländisches Flair besitzt. Im Westen des Parks beginnt die Strandpromenade, die durchweg Aussichten bietet, die jedem Postkartenmotiv gerecht werden. Lugano beherbergt

viele sehenswerte Museen. Darunter sind das Museum für Kunst, das Museum der Kulturen, das Kantonale Kunstmuseum und als besondere Kuriosität das Schweizer Zollmuseum zu empfehlen. Wer außer der beeindruckenden Landschaft an kulturellen Aktivitäten interessiert ist, kann auch diesbezüglich in Lugano viel erleben. Ein absolutes Highlight für die Liebhaber moderner Musik ist das seit 1979 jährlich stattfindende ‚Estival Jazz', das sich zur größten Jazz-Veranstaltung Europas entwickelt hat.
Darüber hinaus existieren hier viele freie Theatergruppen wie das Teatro Pan, die ihre Programme das ganze Jahr hindurch vorführen. Eine durchaus erwähnenswerte Randnotiz ist, dass ebenfalls in Lugano 1956 der erste Eurovision Song Contest, damals noch unter dem Namen ‚Gran Premio Eurovisione della Canzone Europea' veranstaltet wurde. Für die wirklich wohlhabenden Besucher der Stadt verfügt das Gebiet über zwei Spielcasinos, zum einen in Lugano, zum anderen weiter südlich in Campione d´Italia. In erster Linie aber ist es natürlich die einzigartige Natur, die einen Urlaub am Luganer See so unvergleichlich macht. Die Mischung aus Wasser und Bergwelt garantiert einen überaus hohen Erholungseffekt. Zu erreichen ist der Luganer See mit dem Zug oder Auto, die Autobahn führt direkt am Südufer des Sees vorbei.

WISSENSWERTES

GEOGRAFIE UND STAATSGRENZEN

Der Luganer See liegt auf durchschnittlich 270 Metern über dem Meeresspiegel an der Südspitze der Schweiz. Er zählt zu den Voralpenseeen eiszeitlichen Ursprungs, dabei zu den kleineren der oberitalienischen Seen: Knapp 49 Quadratkilometer misst seine Fläche. Seine größte Ausdehnung in der Länge beträgt 35 Kilometer, an der breitesten Stelle sind es 3 Kilometer. Er ist 288 Meter tief. Seine seltsame, stark gezipfelte Form entstand durch ein Zusammentreffen zweier Gletscher. Geografisch betrachtet besteht der See aus drei Becken: Das Nordbecken liegt zwischen Porlezza und Melide, das durch den Seedamm von Melide davon getrennte südliche Becken grenzt an die Städte Agno und Capolago. Das dritte Becken, das von Ponte Tresa, ist sehr klein und reicht bis zur Enge von Lavena.

Der Lago di Lugano ist ein Zwei-Länder-See: Rund zwei Drittel seiner Fläche sind eidgenössisches, ein Drittel italienisches Staatsgebiet. Will man ihn umrunden, landet man alle paar Kilometer vor einem Grenzübergang, was an verkehrsreichen Tagen zu unfreiwilligen Aufenthalten führen kann. Die Zollbeamten sind sehr freundlich und an den Grenzposten keinesfalls „kontrollwütig", damit der Verkehr halbwegs in Fluss bleibt.

Allerdings checken sie mit mobilen Streifen immer wieder einschlägige Aufenthaltsgebiete von „Zollsündern" wie Stadt und Umgebung von Lugano oder Gegenden, die an zollfreie Einkaufsgebiete grenzen. Aus der Luft ähnelt der See - mit etwas Fantasie - einem verschnörkelten „U", dessen Öffnung im Norden, die Rundung im Süden liegt. Nach Ost und West ragen lange „Zipfel" aus den Umrissen des „Buchstabens" heraus. An der äußeren nordöstlichen Ecke des „U" ist der längste ‚Zipfel': Der Nordost-Arm, der jenseits des Dorfes Gandria italienisches Gebiet ist. Eine kleine italienische Enklave liegt um Campione d'Italia am östlichen Ufer. Das Westufer zwischen Ponte Tresa und Porto Ceresio ist gleichfalls italienisch.

WASSERQUALITÄT

Die Wasserqualität des Luganer Sees verspricht ungetrübte Badefreuden, was nicht immer selbstverständlich war. Heute kann sowohl an Schweizer als auch an italienischen Ufern überall da gebadet werden, wo es nicht ausdrücklich verboten ist. Der Luganer See hat mehrere relativ kurze Zuflüsse: Cassarate, Vedeggio und Magliasina, sowie einen Abfluss, die nur 13 km lange Tresa. Der Luganer See ist von Gebirgsketten eingeschlossen, die meist dicht ans Ufer heranreichen. Das Seewasser kann darum nur wenig zirkulieren. Industrielle Verschmutzung gehörte vom Ende des 19. Jahrhundert bis in die 1980er Jahre zu den größten Problemen des Luganer Sees, was sich jedoch durch den konsequenten Ausbau von Klär- und Filteranlagen sowie steigende Umweltauflagen stark gebessert hat. Eine Schweizer Untersuchung ergab 2005, dass selbst das Wasser in großer Tiefe inzwischen wieder gut mit Sauerstoff angereichert ist. Regelmäßig wird die Wasserqualität nach EU-Standardkriterien untersucht, die sogar noch strenger als die Schweizer Testkriterien sind. Viele Schweizer Gemeinden, darunter Vico Morcote, Barbengo, Cassarate, Castagnola, Paradiso und Gandria, beziehen sogar ihr Trinkwasser aus dem See.

GESCHICHTE

Erstmals schriftlich erwähnt wird der Luganer See im Jahr 590 bei dem Bischof und Geschichtsschreiber Gregor von Tours: Von dessen Bezeichnung „Ceresium", deren Ursprung nicht ganz geklärt ist, leitet sich der literarische Name „Ceresio" ab. Denkbar wäre eine Herleitung von Ceres, der römischen Göttin des Ackerbaus. Viele meinen, das Wort „ceresio" bedeute „der Gehörnte" - zu dieser Deutung passen die unzähligen Zipfel, Winkel und Ausläufer des Sees. Auf „keresios" - gehörnt - bezieht sich auch die dritte gängige Namensdeutung, die auf keltische Ursprünge verweist: Der keltische Fruchtbarkeitsgott wurde mit einem Geweih abgebildet. Eine vierte mögliche Deutung ist „See der Kirschen".

Am Luganer See finden sich Spuren römischer Besiedlung. Die Römer eroberten 196 v.Chr. die Region. Davor wurde sie von Rätiern bewohnt, deren Sprache sich noch heute teilweise im Dialekt der Seeuferbewohner niederschlägt. Im Jahre 804 wird der See in einem Schriftstück als „Laco Luanasco" erwähnt. Gelegentlich findet man in älteren Schriftstücken die Bezeichnung „Lauiser See". „Lauis" lautet der alte Name Luganos im deutschen Sprachraum. Um das Jahr 818 war der See, einem erhaltenen Dokument zufolge, Lehnsgebiet der Grafen von Seprio. Etwa um das Jahr 1000 herum herrschte der Bischof von Como über die Seeregion. Zwischen 1218 und 1227 führten Como und Mailand einen Krieg um die Vorherrschaft über die verkehrsreichen Alpenhandelswege. Längere Zeit herrschten danach die Herzöge von Mailand über den Luganer See, bis das Gebiet im 15. Jahrhundert erneut heftig umkämpft war. Vom Spätmittelalter bis in die frühe Neuzeit erlebte die Stadt Lugano einen bedeutenden Aufstieg.
„Zweigeteilt" ist der See seit der Bildung der Eidgenossenschaft, als die Eidgenossen im 16. Jahrhundert Vogteien bildeten. Der Vertrag von Varese legte 1752 den Grenzverlauf zwischen den eidgenössischen Orten und der Lombardei fest. Er entsprach schon weitgehend dem heutigen Verlauf der schweizerisch-italienischen Grenze. Ab 1815 gehörte die italienische Seeregion zum Königreich Lombardo-Venetien, das Teil des Habsburgerreiches war. Nicht nur der geografische Grenzverlauf ist kompliziert, sondern auch die Rechtslage im Zollkodex der EU. Das Nordost-Ende rund um Porlezza gehört zu Italien und damit zum EU-Zollgebiet, das Gebiet von Campione d'Italia dagegen jedoch nicht, obwohl es sich, politisch gesehen, um eine italienische Enklave handelt. Auch der italienische Teil vom Seeufer zur Staatengrenze zwischen Ponte Tresa und Porto Ceresio ist - zollrechtlich betrachtet - nicht EU-Gebiet. Vereinzelt fanden sich Touristen schon im 18. Jahrhundert ein. Meist handelte es sich um Künstler und Abenteurer, die die Abgelegenheit des Luganer Sees schätzten. Im Transitverkehr zwischen Alpen und Lombardei wurde der Luganer See in

der Frühzeit wegen seiner Unwegsamkeit von Händlern und Reisenden eher gemieden. Das änderte sich mit dem Bau des Seedamms von Melide Mitte des 19. Jahrhunderts, der das Seegebiet ab 1874 für den Eisenbahn- und Straßenverkehr und damit für Industrie und Tourismus großflächig erschloss. 1968 bis 1970 entstand die italienisch-schweizerische Autobahnverbindung über den Seedamm.

WIRTSCHAFT

Ein bedeutender Wirtschaftszweig am See ist der Tourismus. 1848 verkehrten hier die ersten Dampfschiffe, die ab 1856 auch im regelmäßigen Linienbetrieb fuhren. Schon zur vorletzten Jahrhundertwende gehörten Schiffsfahrten zum Standardprogramm des Tourismus rund um die oberitalienischen Seen. Tourismus und Industrie führten im 20. Jahrhundert geradezu zu einer Bevölkerungsexplosion. Jeder zweite Tessiner hat sein Zuhause im Einzugsgebiet des Lago di Lugano, obwohl die Fläche nur ein knappes Siebtel des Kantons Tessin beträgt. Stets eine wichtige Rolle nahm der Fischfang ein. Im 16. Jahrhundert erhielten die Fischer in Melide, Bissone und Morcote Privilegien zum Fischverkauf auf den Märkten von Mailand. Ab 1900 schrumpften die Fischbestände wegen der Verschmutzung stark, was sich ab etwa 1980 langsam wieder änderte. 1986 schlossen die Schweiz und Italien ein Abkommen über den Fischfang im See, seit 1992 organisieren beide Länder auch den Schiffsverkehr gemeinsam.

Das milde Klima rund um den See begünstigt auch heute noch den Anbau von Wein und Oliven, der seit dem Mittelalter urkundlich belegt ist. Die einzelnen Seegemeinden hielten enge Beziehungen zueinander, handelten untereinander mit Vieh und Getreide und fischten. Ein auffälliges Phänomen und typisch für den Luganer See ist die rege Migration der Künstler und Kunsthandwerker vergangener Jahrhunderte, die nicht nur zwischen den einzelnen Gemeinden hin und her wanderten und Kirchen und Villen schmückten, sondern auch in weit entfernte Gegenden Europas wie Venetien, Polen, Österreich, Spanien und Deutschland reisten, um dort Aufträge auszuführen. Bei der eigenartigen Lage des Sees, der sich zwischen steilen Berghängen hindurch durch zwei Staaten schlängelt, ist es kaum verwunderlich, dass hier bis weit ins 20. Jahrhundert hinein der Schmuggel blühte. Im Ort Cantine di Gandria, der fast ausschließlich über das Wasser zu erreichen ist, ist das Schweizerische Zollmuseum zu besichtigen, das Einblicke in die pfiffigen Ideen der Schmuggler und in die ebenso pfiffigen Tricks der Zöllner bietet. Der Immobilienhandel und -wandel boomt um den gesamten See herum. Für alte, renovierungsbedürftige Häuser werden selbst in entlegenen Dörfern Höchstpreise verlangt. An manchen Objekten hängen Verkaufsschilder in kyrillischer Schrift - offenbar haben betuchte Russen das Seegebiet inzwischen für sich entdeckt. Das ist allerdings kein ganz neues Phänomen: Schon im 19. Jahrhundert besaßen russische Adelige häufig Villen und Ländereien im Tessiner Gebiet. Derzeit wird rund um den See, besonders in Lugano, Paradiso und den Umlandgemeinden, so viel gebaut, dass mancher schöne Ausblick von Baukränen und -maschinen verstellt ist.

DER **LAGO** DI **LUGANO** IM **SPANNUNGSFELD** ZWISCHEN **ITALIEN** UND DER **SCHWEIZ**

DAS **TESSIN**

Das Tessin (italienisch: Ticino) ist eine 2811 km2 große Region im Süden der Schweiz (7 Prozent des schweizerischen Gesamtstaatsgebiets) und bildet politisch den Kanton Tessin (Repubblica e Cantone Ticino), der den wesentlichen Anteil des vornehmlich italienischsprachigen Teils der Schweiz („Svizzera italiana") umfasst. Italienisch als Hauptsprache wird außerhalb des Tessins in der Schweiz lediglich in einigen wenigen, an Italien grenzenden Gemeinden des Kantons Graubünden gesprochen. Das südlich des Alpenkamms wie eine Halbinsel in die italienischen Regionen Piemont und Lombardei hineinragende Tessin grenzt im Norden (von West nach Ost) an die Kantone Wallis, Uri und Graubünden. Es ist der südlichste Kanton der Schweiz und großenteils von Gebirgslandschaften geprägt. Zahlreiche Gipfel erreichen Höhen von mehr als 3 000 Meter. Die höchsten Berge sind der Adula (Rheinwaldhorn) mit 3 402 m Höhe, der Basodino (3 272 m) und der Pizzo Medel (3 211 m). Die zwischen den Bergen liegenden Tal- und Flusslandschaften werden in zwei Teilregionen untergliedert. Zum „Sopraceneri" genannten nördlichen Tessin gehören das Valle Leventina, das Blenio-Tal, der Distrikt Riviera, die Magadino-Ebene, das die Kantonshauptstadt Bellinzona umgebende Bellizone, das nördlich des Locarno-Sees gelegene Locarnese und das Gambarogno am linken Ufer des Lago Maggiore. Zum mit etwa 500 km2 Fläche wesentlich kleineren südlichen Tessin (‚Sottoceneri') werden der Lugano-Distrikt und das Mendrisiotto gezählt. Fast alle Wasserläufe im Tessin, wie der durch das Leventina-Tal fließende Tessiner Hauptfluss Ticino, die Maggia oder die Verzasca, laufen dem Po zu oder münden in Seen, die landschaftlich prägende Akzente bilden. Die wichtigsten Tessiner Seen sind der 215 km2 große Lago Maggiore (Langensee), von dem etwa 40 km2 zur Schweiz gehören, und der stellenweise fast 300 m tiefe, insgesamt 49 km2 große

Lago di Lugano (Luganer See), von dem etwa zwei Drittel zum Tessin gehören. Hier liegt auch die völlig von Tessiner Gebiet umschlossene italienische Exklave Campione d´ Italia (2,6 km2, 2 000 Einwohner).
Das an wichtigen Handelswegen zwischen Mitteleuropa und dem Mittelmeerraum gelegene Tessin blickt auf eine bewegte Geschichte zurück. Als Folge der sich über mehr als ein Jahrhundert hinziehenden kriegerischen Auseinandersetzungen zwischen Eidgenossen und den Mailänder Herzögen, zu deren Machtbereich das Tessin lange gehörte, gelangte das Gebiet Anfang des 16. Jahrhunderts zum Teil in den Besitz des Kantons Uri und wurde zum Teil als „Gemeine Herrschaft" ein abhängiges Untertanen-Gebiet der gesamten Eidgenossenschaft. 1789 beziehungsweise 1802/03 („Helvetik") wurde das Tessin zum vollberechtigten Kanton aufgewertet. Im Zweiten Weltkrieg verfolgte der italienische Diktator Mussolini das Ziel, das Tessin Italien anzugliedern. Entsprechende militärische Angriffspläne wurden aufgestellt, sind aber nicht umgesetzt worden. Das durch die südalpenländische Lage bestimmte mediterrane Klima des Tessins sorgt für eine spezielle Baum-Flora. Im Tessin befinden sich nicht nur ausgedehnte Esskastanien-Wälder, sondern auch zahlreiche Palmenbestände und Zitrusbäume. Klima und Landschaft waren die Grundvoraussetzungen für den im 19. Jahrhundert einsetzenden Erfolg des Tessins als touristisch überaus attraktives Reiseziel.

Der Schwerpunkt der ursprünglich auf karger Landwirtschaft basierenden Ökonomie des Kantons wurde insbesondere durch den Ausbau der Verkehrsanbindung an die nördlich gelegene Schweiz durch den Bau des Gotthard-Tunnels (1882) auf den Fremdenverkehrs-Bereich verlagert. Freunde bodenständiger Natururlaubsangebote werden sich eher in den kleinen Bergdörfern, in denen weniger als 10 % der insgesamt 350 000 Tessiner leben, aufhalten. Zu Zentren qualitativ anspruchsvoller Tourismuskultur haben sich dagegen vor allem die durchweg überschaubaren Städte Bellinzona, Ascona, Lugano und Locarno entwickelt. Das knapp 18 000 Einwohner zählende Bellinzona ist nicht nur Kantons-Kapitale, sondern als Sitz des Bundesstrafgerichts auch von Bedeutung für die gesamte Eidgenossenschaft. Bellinzonas berühmter alljährlicher Karneval („Rabadan") mit seinen Guggenmusik-Kapellen zieht regelmäßig zehntausende Schaulustige an. Ebenfalls von großer musikalischer Bedeutung ist das allsommerlich veranstaltete „Piazza Blues Festival". Das Stadtbild von Bellinzona ist durch zum UNESCO-Weltkulturerbe gehörende mittelalterliche Bauensembles bestimmt. Neben der imponierenden Wehrmauer („Murata") zählen das auf einem Felsplateau über der Stadt aufragende, massive Castelgrande und weitere Befestigungsanlagen dazu. Das sich am Nordufer des Lago Maggiore entlang ziehende, am Fuße des kulturhistorisch als Künstlerkolonie bedeutenden Monte Verità liegende Kurstädtchen Ascona (5 000 Einwohner) gilt als die am tiefsten gelegene Gemeinde der Schweiz. Ein Kuriosum von Ascona ist sein Mini-Golf-Platz. Hier wurde 1954 die welterste Mini-Golf-Anlage eröffnet.

Auch in Ascona findet alljährlich mit dem „JazzAscona" ein wichtiges Musikereignis statt. Die 15 000-Einwohner-Stadt Locarno liegt unweit von Ascona ebenfalls am Lago Maggiore und gehört zu den wärmsten Orten der Schweiz. Geschichtsinteressierte verbinden mit dem Namen der Stadt besonders die hier geschlossenen „Verträge von Locarno". Vor allem auf Betreiben des damaligen deutschen Außenministers Gustav Stresemann und seines französischen Amtskollegen Aristide Briand wurden in Locarno völkerrechtlich bedeutsame, Gedanken der Völkerverständigung und des Friedenswillens unterstreichende Abkommen unterzeichnet, die u. a. Deutschland die Aufnahme in den Völkerbund ermöglichten. Besonders sehenswert ist in Locarno die Wallfahrtskirche Madonna del Sasso (15. Jahrhundert) und das Castello Visconteo. Der pittoreske zentrale Platz in der Altstadt, die Piazza Grande, ist seit 1946 im August Schauplatz und Bühne des renommierten „Internationalen Filmfestivals von Locarno".

Die mit 60 000 Einwohner mit Abstand größte Stadt des Kantons ist Lugano, drittgrößer Finanzplatz des Landes. Sie erstreckt sich über 75 km2 und ist von drei Bergen umgeben: Dem teilweise auf italienischem Gebiet liegenden Sighignola (1302 m), dem Monte San Salvatore (912 m) und dem Monte Brè (925 m). In der mediterran erscheinenden Stadt mit dem sehenswerten Park „Parco civico", den Arkaden, Palazzi und Villen befinden sich sowohl ein Spielcasino als auch Hochschuleinrichtungen wie die „Università della Svizzera italiana" mit ihren 3 000 Studierenden und die Privatuni „Franklin College". Das in Lugano seit 1979 im Frühsommer gefeierte „Estival Jazz" gehört zu den wichtigsten Festivals der europäischen Jazz-Szene.

DIE LOMBARDEI

Die norditalienische Region Lombardei ist mit knapp 24 000 km^2 flächenmäßig zwar nur die viertgrößte Region Italiens, bei der Einwohnerzahl mit fast zehn Millionen aber an der Spitze und damit die dichtbesiedeltste Region des Landes. Hauptstadt der Lombardei ist Mailand. Die Region umfasst insgesamt zwölf Provinzen und grenzt im Norden an die Schweiz. Sie gilt als bedeutendste Wirtschaftsregion Italiens und wird vor allem durch Banken und den Handel geprägt. Das verarbeitende Gewerbe spielt ebenfalls eine große Rolle, vor allem in der bedeutenden Industriemetropole Brescia. Aus diesem Grund liegt die Arbeitslosenquote der Lombardei gewöhnlich deutlich unter dem italienischen Durchschnitt. Landschaftlich zeichnet sich die Region durch eine enorme Vielfalt aus. Während sie im Norden bis an alpine Regionen heranreicht, trägt das Gebiet in der flachen Poebene den Beinamen „Kornkammer Italiens": Weizen und Mais gedeihen hier besonders gut. Bemerkenswert sind auch die vielen großen Seen der Lombardei wie der Gardasee, der Lago Maggiore oder der Comer See. Die Region rund um den Gardasee ist zudem ein äußerst bekanntes Weinanbaugebiet: Vor allem der Bardolino und der Valpolicella erfreuen sich in ganz Europa großer Beliebtheit. Die größten Städte der Region sind Mailand, Bergamo, Brescia, Monza und Pavia. Als wirtschaftlicher Motor des Landes spielen sie eine äußerst große Rolle. Dennoch ist die Lombardei auch reich an Sehenswürdigkeiten, Kunstschätzen und landschaftlichen Schönheiten. Vor allem die zahlreichen historischen Stadtkerne und imposanten Sakral- und Profanbauten ziehen Touristen aus der ganzen Welt an. Auch die Natur zeigt sich in der Lombardei von ihrer schönsten Seite. Mehr als zwanzig regionale Naturparks und über achtzig kleinere Naturschutzgebiete verbergen eine atemberaubende Landschaft mit vielfältiger Flora und Fauna. Auch zahlreiche Flüsse durchziehen die Region, wie der Adda, der Lambro und der Orio: Sie alle entspringen in der reizvollen Alpenregion der Lombardei. Bekannte Thermalbäder wie San Pellegrino oder Bormio, attraktive Skigebiete und natürlich die eleganten Einkaufsmeilen in der Modemetropole Mailand sind weitere Gründe, warum die Lombardei als Reiseziel immer beliebter wird. Großen Wert legen die Menschen in der Lombardei auf Tradition und Brauchtum. So feiern sie zum Beispiel viele historische Feste zu Ehren ihrer jeweiligen Schutzheiligen. Eindrucksvollstes Beispiel ist das Fest zu Ehren des Mailänder Schutzpatrons ‚Sant'Ambrogio', das auch die Menschen aus weiter entfernten Städten und Orten anlockt. Ein Ereignis von enormer gesellschaftlicher Bedeutung ist außerdem die alljährliche Eröffnung der Saison in der Mailänder Scala Anfang Dezember. Kulinarisch hat die Lombardei ebenfalls eine Menge zu bieten. Bekanntestes Gericht ist wohl das Mailänder Schnitzel, aber auch Risotto mit Safran sowie die Eiersuppe aus Pavia sind echte Spezialitäten. Weltbekannt sind auch hiesige Käsesorten wie Gorgonzola oder Mascarpone.

KLIMA

Die Temperaturen im Jahresmittel sind im Gebiet der westlichen oberitalienischen Seen höher als z. B. in der Poebene. Wesentlichen Anteil daran haben die großen Wasserflächen des Orta- oder Langensees (Lago Maggiore). Sie wirken ausgleichend auf die Temperaturen an den Seeufern bis ca. 300 m. So fällt zwar Schnee bis an den See hinunter, schmilzt aber durch die gespeicherte Wärme des Sees schnell wieder. Der Effekt tritt auch im Sommer auf, nur umgekehrt. Die Seen wirken regelrecht als Klimaanlagen, sodass die Temperaturen nicht ins Unerträgliche steigen. Regen fällt hauptsächlich im Winter und Frühjahr, recht typisch für die Gegend sind jedoch Wärmegewitter. Trockenzeiten gibt es im eigentlichen Sinne nicht, die niederschlagsfreie Zeit im Sommer beträgt im Durchschnitt 30 Tage.

ANREISE

MIT DEM AUTO

Wichtiger Hinweis: Die Schweizer Autobahnen dürfen nur mit der Autobahnvignette benutzt werden. Sie muss gut sichtbar auf der Innenseite der Windschutzscheibe angebracht werden. Der Preis beträgt 38,50 Euro oder 40 CHF. Die Vignette gilt für die Zeit vom 1. Dezember bis zum 31. Januar nach dem aufgedruckten Jahr. Die Vignette ist am Zoll sowie bei allen Automobilclubs erhältlich. Tankstellen im Grenzgebiet bieten meist auch Vignetten an. Es empfiehlt sich jedoch, schon vor Antritt der Reise die Vignette zu besorgen. Lugano liegt sehr verkehrsgünstig an der Auto-Magistrale, die Nordeuropa mit Italien und dem Süden Frankreichs verbindet. Von Basel, 262 Kilometer: Autobahn A2 über Luzern und Bellinzona - empfohlene Ausfahrt Lugano Nord. Von Bregenz, 235 Kilometer: Über Hard (A) Richtung St. Margrethen (CH) Grenzübergang (A - CH) - Autobahn A13 via Buchs - Sargans - Chur - San Bernardino-Tunnel Nordportal - Autobahndreieck Bellinzona Nord auf A2 Bellinzona - empfohlene Ausfahrt Lugano Nord. Von Mailand, 76 Kilometer: Autostrada A9 - Chiasso - empfohlene Ausfahrt Lugano Süd.

ELEKTROMOBILITÄT

Die Infrastruktur der Elektrozapfsäulen in der Schweiz ist ähnlich wie in Deutschland: entlang der Autobahnen stehen zahlreiche Ladesäulen zur Verfügung. Viele der Ladekarten funktionieren auch hier wie z.B. die des ADAC, mobility+, PlugShare oder plugsurfing. Auch die Hotels bieten überdurchschnittlich viele Ladekapazitäten, Tesla ist hier Vorreiter. Vorsicht | in Italien findet man kaum öffentliche Ladestationen; wenn, dann nur in Hotels oder Ferienanlagen.

MIT DEM FLUGZEUG

Landung auf dem Flughafen Lugano-Agno. Es handelt sich um einen kleinen und überschaubaren Airport mit kurzen Abfertigungszeiten. Bedient wird der Flughafen planmäßig von den Fluggesellschaften Swiss, Darwin Airline und Alitalia. Folgende Destinationen werden täglich direkt angeflogen: Darwin Airline von und nach Rom im Codeshare mit Alitalia; Darwin Airline von und nach Genf; Swiss von und nach Zürich. Informationen zu den Airlines jeweils unter: Swiss International Air Lines. Airport-Ticket-Office T: +41 (0)91 610 47 38. www.swiss.com. Darwin Airline. Lugano Airport via Aeroporto. CH-6982 Agno. Zentrale: +41 (0)91 612 45 00. Öffnungszeiten: Mo bis Fr 08.30 bis 17.30 Uhr. Call-Center: täglich 09.00 bis 18.00 Uhr. T: 0800 177 177 (Schweiz) / 0800 177 177 77 (Ausland). E-Mail: info@darwinairline.com. www.darwinairline.com. Für den Transfer in das Luganer Zentrum stehen zahlreiche Taxen rund um die Uhr bereit. Die Fahrzeit dauert ungefähr 20 Minuten. Taxi Lugano-Airport. T: +41 (0)91 605 25 10. Ein Shuttle-Bus bietet zusätzlich bequeme und zügige

Verbindungen in das Stadtzentrum. Shuttle-Bus-Service. T: +41 (0)79 221 42 43. E-Mail: airport@shuttle-bus.com. www.shuttle-bus.com. Einige Hotels bieten ihren Gästen einen kostenlosen Flughafentransfer an. Lugano Airport. Via Aeroporto. CH-6982 Agno. T: +41 (0)91 610 11 11. F +41 (0)91 610 11 00. E-Mail: info@lugano-airport.ch. www.lugano-airport.ch. Auskunftsbüro Lugano Turismo am Flughafen: T: +41 (0)91 605 12 26. F +41 (0)91 605 13 36.

MIT DEM ZUG (SBB)

Zentraler Bahnhof am Luganer See ist Lugano. Hier halten die Fernzüge aus Zürich oder Basel. Aus München kann man z.B. in etwa 8 Stunden anreisen, von Frankfurt benötigt man sieben Stunden. Vor Ort geht es mit dem Regionalzug weiter nach Paradiso, Melide oder Maroggia. SBB-Bahnhof T: +41 (0)91 923 51 20. F +41 (0)91 923 53 52. Mo bis Mi 14.30 bis 19.00 Uhr. Do bis Sa: 11.00 bis 19.00 Uhr.

ZOLLFREIES EINKAUFEN IN ITALIEN

Der Seeteil zwischen Ponte Tresa und dem in südlicher Richtung gelegenen Porto Ceresio ist, ebenso wie Campione d'Italia, zwar italienisches Staatsgebiet, jedoch kein Teil des Zollgebietes der EU. Zollrechtlich gelten daher die Bestimmungen für Einreisen aus Staaten außerhalb der EU.
In die Schweiz dürfen folgende Waren, die nicht für den Handel bestimmt sind, abgabenfrei aus dem Ausland eingeführt werden. Persönliche Gebrauchsgegenstände: Kleidung und Wäsche, Sportgeräte, Fotoausrüstung, Mobiltelefone, Computer, Musikinstrumente. Reiseproviant: Nahrungsmittel und alkoholfreie Getränke für den Reisetag. Treibstoff Im Kanister bis 25 Liter (ein Mal pro Fahrzeug und Tag!) Alkoholische Getränke: Personen ab 17 Jahre dürfen pro Nase 2 Liter bis zu 15-prozentigem Alkohol und 1 l über 15-prozentigen Alkohols einführen. Tabakwaren: Personen ab 17 Jahre dürfen 200 Zigaretten, 50 Zigarren oder 250 g Tabak in die Schweiz mitbringen. Lebensmittel und landwirtschaftliche Produkte dürfen bis zu einem Gesamtwert von 300 CHF mitgebracht werden, mit Ausnahme von Fleisch, Fleischwaren und anderen tierischen Produkten. Ausgenommene Fische dürfen bis 20 kg pro Person eingeführt werden. Ein einzelner Fisch darf auch über 20 kg wiegen. Über das Mitbringen oder Erwerben von Tieren während der Ferienreise informiert das Schweizer Bundesamt für Veterinärwesen (BVET) unter: www.bvet.admin.ch. Privatwaren bis zu einem Gesamtwert von 5000 CHF dürfen im Transitverkehr durch die Schweiz befördert werden. Für abgabenpflichtige alkoholische Getränke, Tabakwaren und Lebensmittel gelten andere Bestimmungen. Die Bestimmungen gelten auch für deutsche Staatsbürger, die in der Schweiz Ferien machen. Im Zweifelsfall fragt man die Zollbehörde: www.zoll.ch.

UNTERKÜNFTE

Am Luganer See findet man alles - vom noblen Hotel bis zum einfachen Campingplatz. Insgesamt liegen die Hotels, Alberghi und B&Bs meist in guter Lage und haben einen recht hohen Standard, was Service und Ausstattung betrifft. Dies zeigen nicht zuletzt die einschlägigen Buchungs- und Bewertungsseiten im Internet. TIPP | Auf jeden Fall vor einer Buchung die Kritiken anderer Urlauber im Internet ansehen. So ist man vor unliebsamen Überraschungen geschützt. Vorsicht jedoch bei Einzelmeinungen - ein Hotel, das 40 Top-Bewertungen und eine schlechte Bewertung hat, ist wirklich top. Die eine schlechte Bewertung geht vermutlich auf das Konto von Urlaubsnörglern oder unglücklichen Umständen. Gute Internetseiten mit Hotelbewertungen sind www.tripadvisor.de; www.holidaycheck.de und www.booking.com. In der Regel hat man auch gleich die Möglichkeit zu buchen.

HOTELS

Viele Online-Buchungsportale geben einen guten Überblick über die Hotels am Luganer See. Echtzeit-Verfügbarkeitsanfragen machen die Buchung zum Kinderspiel. Doch oft ist es nützlich, genauer hinzuschauen: Einige Hotels räumen bei Direktbuchung über die hoteleigene Homepage einen Rabatt ein, da sie sich die Kosten für die Vermittlung spart. Auch die Hotelportale unterscheiden sich untereinander im Preis deutlich. Rufen Sie einfach Ihr Wunschhotel auf den aktuell vier großen Portalen auf und vergleichen die Preise bei www.booking.com, www.hotels.de, www.venere.de und www.hrs.de. Informieren Sie sich auch auf den Webseiten der Hotels über die Zimmer und deren Ausstattung. Zahlreiche Internetbucher (über die Portale) sind mit den Zimmern unzufrieden, da diese oftmals zur Straße hinaus liegen. Wählen Sie daher, wenn möglich, immer ein Zimmer mit Seeblick. ‚Superiore' steht dabei für gehobenere Ausstattung und mehr Platz. Tipps zu einzelnen Hotels finden Sie weiter hintern unter den einzelnen Orten. Wer gern stilvoll und mondän nächtigt, empfehlen sich folgende Häuser in Lugano: Hotel Victoria au Lac. Riva Paradiso 2b. Eingang Via G. Guisan 3. CH-6902 Paradiso-Lugano. T +41 (0)91 994 20 31. F +41 (0)91 994 20 32. E-Mail: info@victoriahotel.ch. www.victoriahotel.ch. Das Hotel Victoria wurde 1885 unter dem Namen „San Salvatore" eröffnet, nach dem Berg, der mit dem Monte Brè das Landschaftsbild prägt. Zu Beginn des 20. Jahrhunderts erfreute sich das Hotel zunehmender Beliebtheit britischer Touristen. Ihnen zu Ehren änderte man den Namen des Hauses in „Hotel Victoria", seinerzeit Königin von England. Das elegante Jugendstil-Gebäude strahlt noch immer die Schönheit und den Stolz von einst aus. Hotel Bellevue au Lac. Riva A. Caccia 10. CH-6900 Lugano. T +41 (0)91 994 33 33. F +41 (0)91 994 12 73. E-Mail: info@hotelbellevue.ch. www.hotelbellevue.ch. Das Bellevue au Lac ist eines der traditionsreichsten Hotels in Lugano und wurde 1883 in florentinischen Stil erbaut. Seit 1890 geführt als First-Class-Hotel, befindet sich das Haus seitdem ununterbrochen in Privatbesitz.

BED&BREAKFAST *(FRÜHSTÜCKSPENSIONEN)*

Günstige Häuser mit meist liebevollem Service sind am Luganer See zahlreich. Wer es liebt, sich morgens an den gedeckten Frühstückstisch zu setzen, ansonsten aber die Restaurants der Region erkunden möchte, ist hier am richtigen Platz. Achten Sie bei der Auswahl auf die Lage mit einer guten Aussicht auf den See. Preise ab EUR 30,00 pro Person im DZ, zum Beispiel unter www.bed-and-breakfast-italien.com.

FERIENWOHNUNGEN UND FERIENHÄUSER

Ferienhäuser rund um den See sind zahlreich zu mieten. Die meisten Anbieter konzentrieren sich auf das Gebiet rund um Lugano, doch auch an den entlegeneren Seeufern, beispielsweise in Osteno, Porlezza und Valsolda gibt es interessante Angebote. Die gängigen Fewo-Portale wie Fewo-direkt.de, atraveo.de, casamundo.de etc. bieten eine gute Auswahl. Ärgerlich ist es allerdings, dass oftmals Angebote online und v.a. als frei gemeldet werden, sich bei Nachfrage allerdings herausstellt, dass dieses Objekt dann doch nicht frei ist, aber ein anderes. Achten Sie also auf direkte Buchbarkeit. Für viele ist ein direkter Kontakt mit einem Vermittler von Anfang sinnvoller. Man erspart sich unendliche E-Mail-Anfragen und erhält meist Angebote nach eigenen Angaben. Hier ein deutscher Vermittler von Ferienwohnungen und -häusern: Joachim Mohr. 64319 Pfungstadt. T +49 (0)6157 911855. F +49 (0)6157 911856. Mobil: +49 (0)171 3700162. ferien@ceresio.de.

CAMPINGPLÄTZE

Rund um den See befinden sich interessante Campingplätze. Oft liegen sie direkt am See, nur ein Fußweg trennt sie vom Ufer. Die Ausstattung ist so wie zumeist in Italien: Wer nach Zitronen duftende Sanitäranlagen sucht, könnte enttäuscht werden. Trotzdem versuchen ambitionierte Plätze eine höhere Servicequalität zu erreichen. In der Schweiz liegt die Ausstattung etwas über der in Italien, dafür sind sie auch teurer. Rund um Porlezza befinden sich die meisten Plätze, man sollte diese allerdings vor Ort begutachten.

KARTEN UND **LESESTOFF**

Unverzichtbar für einen gelungenen Urlaub ist gutes Kartenmaterial. Für den Lago di Lugano gibt es eine Vielzahl an gut aufgelösten Karten aus verschiedenen Verlagen. Interessant sind die Mountainbike- und Tourenkarten aus dem Hallwag-Verlag. Am besten, Sie vergleichen die Karten miteinander, wenn es der Buchhandel ermöglicht. ***TIPP*** | Über Online-Buchhandlungen kann man Karten bestellen und die nicht benötigten oder als untauglich bewerteten wieder zurückschicken. Nicht jede Buchhandlung bietet einen solchen Service an. In Tessin-Reiseführern spielt der Luganer See meist nur eine kleinere Rolle. Um sich ein wenig auf den Luganer See einzustimmen, gibt es auch einige Romane, deren Handlung mit dem Luganer See verwoben ist. Ein entsprechender Suchbegriff bei Online-Buchhandlungen zeigt schnell die entsprechenden Ergebnisse an.

DIE **RICHTIGE REISEZEIT**

Am Luganer See herrscht weitgehend mediterranes Klima: Frostfreie, niederschlagsreiche Winter, heiße, trockene Sommer. Im Herbst kommt die Vegetation zum Erliegen, um im März wieder einzusetzen. Doch die (hoch-)alpine Umgebung des Sees beeinflusst das Klima entscheidend: Auf den Bergen und in den tiefen nördlichen Gebirgstälern verzögert sich das Wachstum der Pflanzen um vier bis sechs Wochen. Bis Anfang Juni bleiben die höheren Gipfel schneebedeckt - das will bei Ausflügen in die Bergwelt bedacht sein. Die südlichen Gebirgstäler dagegen schaufeln erwärmte Luft aus dem mittleren und südlichen Italien in die Region. Oftmals herrscht am Alpenhauptkamm, also beispielsweise am San-Bernardino-Pass, ein Temperaturunterschied von bis zu 15° C. Die Temperaturen können schon im Februar Werte um 15° C erreichen. Spätestens im Mai setzt der Frühsommer ein, eine der schönsten Jahreszeiten am Lago. Die Sommer sind warm, aber weniger heiß als sonst in Oberitalien. Oft herrscht die so genannte Inversionswetterlage vor, die für dunstiges, aber anhaltendes Hochdruckwetter sorgt. Der Herbst ist mit klarer Sicht und häufig spätsommerlichen Temperaturen die Lieblings-Jahreszeit vor allem der Bergsportler. Mit den drei Paradebergen Monte Brè, Monte San Salvatore und Monte Generoso (alle mit der Bahn erreichbar!) stehen drei attraktive und aussichtsstarke Ziele zur Verfügung. Im Winter scheint, bei Temperaturen im leichten Plusbereich, häufig die Sonne. Störend sind die Mittelmeertiefs, die es vom Herbst bis ins späte Frühjahr hinein immer wieder für Wochen regnen lassen.

INFORMATIONEN VOR ORT

Rund um dem Luganer See bieten Tourismus-Büros Informationen zu dem jeweiligen Urlaubsort und der näheren Umgebung. Achten Sie aber unbedingt auf die Öffnungszeiten: Die Büros sind grundsätzlich zwischen 12:30 und 15:30 Uhr geschlossen, maximal von 12:00 bis 16:00 Uhr. In der Vorsaison (Juni und September) muss mit weiteren Einschränkungen gerechnet werden, in der Nebensaison (Mai und Oktober) kann es schon einmal schwierig werden.

Tourismus-Büro in ***Lugano***: Ente Turistico del Luganese Palazzo Civico - Riva Albertolli. 6900 Lugano. T +41 (0)58 866 66 00. F +41 (0)58 866 66 09. info@luganoturismo.ch. www.luganoturismo.ch.

Tourismus-Büro in ***Morcote***: Ente Turistico del Luganese Riva dal Garavell. 6922 Morcote. T +41 (0)58 866 49 60. F +41 (0)58 866 49 69. morcote@luganoturismo.ch. www.luganoturismo.ch.

Tourismus-Büro in ***Agno*** (Airport): Lugano Comunicazione e Servizi turistici SAGL c/o Aeroporto 6982 Agno. T +41 (0)91 605 12 26. F +41 (0)91 605 13 36. info@lcst.ch. www.luganoturismo.ch.

Tourismus-Büro in ***Caslano***: Ente Turistico del Luganese Piazza Lago. 6987 Caslano. T +41 (0)91 606 29 86. F +41 (0)91 606 52 00. caslano@luganoturismo.ch www.luganoturismo.ch.

DIE **BUCHT VON LUGANO**

LUGANO „DAS **KLEINE RIO** DE **JANEIRO**“

Lugano ist eine außergewöhnliche und wunderschöne Stadt. Nicht umsonst trägt sie zwei Titel - wenn auch inoffiziell: Zu einem gilt die Metropole am See als heimliche Hauptstadt des Tessins, zum anderen wird sie liebevoll als „das kleine Rio de Janeiro“ bezeichnet. Wer die aktuell 61 000 Einwohner zählende Stadt besucht - zum Vergleich: 1971 lebten lediglich 23 000 Einwohner in Lugano -, wird schnell erkennen, dass diese gewichtigen Vergleiche berechtigt sind. Lugano ist der größte Ort im Kanton Tessin und mit der Integration der Außengemeinden mittlerweile zur Großstadt avanciert. So gehören zum Stadtgebiet mit Barbengo, Besso, Brè Aldesago, Breganzona, Carabbia, Castagnola-Cassarate, Cureggia, Davesco-Soragno, Gandria, Loreto, Lugano-Centro, Molino Nuovo, Pambio Noranco, Pazzallo, Pregassona, Viganello und Villa Luganese 17 Quartiere. Von 2013 an werden weitere Orte eingemeindet, die Lugano längerfristig in den Rang der flächenmäßig zweitgrößten Stadt der gesamten Schweiz erheben werden. Lugano wurde erstmals im 4. Jahrhundert erwähnt. Im 10. Jahrhundert gehörte die Stadt zu Como und ab 1512 zur Eidgenossenschaft. Die ***Altstadt*** mit ihren engen Gassen, den Kirchen und Palästen mit großen Innenhöfen sowie ***prächtigen Gartenanlagen*** tragen italienischen Charakter.

Die ***Kathedrale San Lorenzo***, 818 als Pfarrkirche errichtet und 1517 mit einer Renaissance-Fassade neu gestaltet, sowie die 1499 erbaute Kirche ***Santa Maria degli Angioli*** zeichnen das Panorama der Stadt.

Hinzu kommt das nur 76 Kilometer entfernte Mailand, mit 1,3 Millionen Einwohnern das Zentrum Italiens in Sachen Design, Mode, Medien und Wirtschaft. Die Metropolregion Grande Milano ist außerdem der größte Ballungsraum Italiens. Lugano prosperiert wirtschaftlich zusehends und ist mittlerweile der drittgrößte Finanzplatz der Schweiz. 72 nationale und internationale Banken bestimmen das örtliche Geschäftsleben, über 1000 Firmen arbeiten in den Branchen Treuhand, Handel, Immobilien und Finanzen. Zudem bieten 172 Versicherungsgesellschaften ihre Dienstleistungen an. Aber auch metallverarbeitende Industrie und Elektronik, Chemie, Pharmazeutik sowie Nahrungsmittelproduktion haben hier ihren Sitz. Wissenschaft und Forschung fanden 1996 mit der Gründung der Universität der italienischen Schweiz Einzug in Lugano.

Das Ganze fügt sich ein am Nordufer des Luganer Sees zwischen den beiden Bergen ***Monte Brè*** (925 Meter) und ***San Salvatore*** (912 Meter). Landschaft und ein mildes Klima, gepaart mit einer Flora aus Palmen sowie einer Vielfalt an wundervollen Blumensorten bieten mediterranes Flair. An den Seeufern unweit Luganos liegen malerische Ferienorte in teils mediterran, teils alpin wirkender Gebirgslandschaft, umgeben von südländischer Vegetation. Die idyllische Landschaft ist auch bevorzugter Wohnort internationaler Prominenz aus Theater, Kunst, Literatur und Film. So hat Paola Felix, Witwe des Showmasters Kurt Felix, ihren Zweitwohnsitz am See. Auch Schlagerstar und Schauspieler Peter Kraus weiß die liebliche Region zu schätzen.

WUSSTEN SIE, DASS ...

... ***O.W. Fischer*** sein Vermögen einst dem Luganer Hundeheim vererbte? Die am 1. Februar 2004 mit 88 Jahren verstorbene Schauspielerlegende O.W. Fischer sorgte noch unmittelbar nach seinem Tod für eine Überraschung. Während der Testamentseröffnung vor dem Bezirksgericht von Lugano sprach er in seinem letzten Willen dem örtlichen Hundeheim die Hälfte des Erlöses aus dem Verkauf seiner Villa zu. Die andere Hälfte vermachte der Grandseigneur des deutschen Nachkriegsfilms der Theologischen Fakultät der Universität Lugano. Seine einstige Geliebte Dagmar F. ging leer aus. Das Vermögen Fischers wurde auf etwa 12 bis 15 Millionen Euro geschätzt und bestand hauptsächlich aus seiner Villa - der so genannten Fischerburg - mit einer Parkanlage von 14 000 Quadratmetern, die über dem Luganer See im Dorf Vernate liegt. Otto Wilhelm Fischer erlangte vor allem im deutschen Nachkriegsfilm Popularität. So spielte er 1961 in der Johannes-Mario-Simmel-Verfilmung „Es muss nicht immer Kaviar sein" die Rolle des Doppelagenten Thomas Lieven sowie in „Peter Voss" 1958 den Millionendieb. Nach 11-jähriger Drehpause trat Fischer 1986 noch einmal vor die Kamera und spielte im Episodenfilm „Herbst in Lugano" die Hauptrolle des Felix. Seine Hommage an die Stadt.

... aus Lugano zahlreiche Persönlichkeiten aus Politik, Wirtschaft, Sport, Film und Kunst stammen? ***Hardy Krüger jr***. erblickte hier am 9. Mai 1968 das Licht der Welt. Sein Vater ist der Schauspieler und Schriftsteller Hardy Krüger, seine Mutter die italienische Malerin Francesca Marazzi. ***Christian Giordano***, geb. 27. Oktober 1945, ist Sozialwissenschaftler und seit 1989 ordentlicher Professor für Sozialanthropologie an der Universität Freiburg (Schweiz). ***Dominique Stark***, geb. 20. November 1988, ist ehemaliger Radrennfahrer. Hans Ulrich Zellweger, geb. 1909 und gestorben 1990 in Iowa, war schweizerisch-amerikanischer Kinderarzt und Entdecker des später nach ihm benannten Zellweger-Syndroms.

ANGESAGT: **FLANIEREN DURCH DIE STADT**

In Lugano herrscht während des ganzen Jahres reges Leben, das von Geschäftsleuten und Touristen gleichermaßen bestimmt wird. Die Altstadt lädt an jeder Ecke zum Verweilen ein. Der bedeutendste Platz Luganos ist die ***Piazza della Riforma***, gesäumt von herrlichen Bürgerhäusern des 19. Jahrhunderts. Zahlreiche Cafés sowie Bistros laden zum Ausruhen unter freiem Himmel ein. In die Piazza münden die zwei wichtigsten Einkaufsstraßen: Die ***Via Nassa*** und die ***Via Pessina***. Hier können die Limits jeder Kreditkarte ausgereizt werden. So werden mit Sicherheit Liebhaber hochwertiger Uhren bei den zahlreichen Juwelieren fündig. In den Auslagen präsentieren sich neben luxuriösem Schmuck hochwertige Uhren-Marken wie Audemars Piguet, Bulgari, Tag Heuer und Hublot. Geldausgeben strengt an, und so empfiehlt sich eine Einkehr im „Caffè Golf", das in der klassizistischen Passage im Quartiere Canova in der Via della Posta residiert. Hier wird auch das Auge mit architektonischer Schönheit bedient.

Bevor man weiter zur Seepromenade geht, sollte man einen kurzen Abstecher durch die Via Canova zum ***Museo Cantonale d'Arte*** und zur ***Kirche San Rocco*** machen. Vollkommene Entspannung kommt an der Seepromenade auf, die von der Riva Vincenzo Vela in die Riva Giocondo Albertolli mündet. Die Kulisse ist mondän und wird bestimmt von luxuriösen Hotels, Banken, Geschäften, Versicherungsgesellschaften und auch einem Schnellrestaurant bekannter Marke für die ganz Eiligen.

Wer seinen Ausflug per Schiff antreten will, kann das ab der Hauptanlegestelle ***Debarcadero Centrale*** tun. Die Luganer Schifffahrtsgesellschaft bietet Kreuzfahrten und Linienverkehr zu verschiedenen Orten an. Schifffahrtsgesellschaft Viale Castagnola. CH-6900 Lugano-Cassarate. T +41 (0)91 971 52 23 93. www.lakelugano.ch.

DER ***PARCO CIVICO***

Bevor man sich jedoch für eine Schifffahrt entscheidet, empfiehlt sich ein Besuch des Parco Civico im Osten der Altstadt. Üppige Vegetation sowie prächtige Bauten wie die ***Villa Ciani mit dem Museo Civico di Belle Arti*** und dem ***Palazzo dei Congressi*** bieten ein wunderschönes Ensemble aus Architektur und Natur. Der rund 63 000qm große Park ist ein Besuchermagnet bei den Einheimischen wie auch bei den Besuchern. Besonders beliebt ist die Vielfalt an Pflanzen wie z.B. Palmen, exotischen Gehölze, Rosen, Azaleen, Magnolien und Kamelien. Zwischen den Pflanzbeeten tauchen regelmäßige Schachfelder und andere Beschäftigungsmöglichkeiten auf. Wer den Parco Ciani (so wird er von den Luganensern genannt) nur genießen will, nimmt auf den zahlreich verteilten Sitzgelegenheiten Platz. INFO | Sommer 06:00 - 23:00 Uhr, Winter 06:00 bis 21:00 Uhr Hunde müssen an der Leine geführt werden, Fahrrad fahren ist nicht erlaubt; es gibt Kinderspielplätze; Picknick und Barbecue sind nicht erlaubt. Zu empfehlen ist ein Besuch in der Osteria del Porto; Achtung: es dürfen keine Blumen oder Früchte gepflückt werden!

DIE ***VERKEHRSSITUATION*** *IN* ***LUGANO***

Die Parksituation ist sehr schlecht. Es empfiehlt sich, in einem der Parkhäuser in der Via Pretorio oder in der Via B.G. Pioda, den so genannten Autosilos, zu parken. Die Gebühren starten ab 3 CHF pro Stunde. Es kann auch mit EC- und Kreditkarte bezahlt werden. So schlecht die Parksituation ist, so unpraktisch ist auch die Fortbewegung mit dem Auto. Staus sind an der Tagesordnung, vor allem in den Stoßzeiten. 85 Prozent aller Bürger aus Lugano und Umland nutzen das eigene Auto. Hinzu kommen täglich Tausende italienische Grenzgänger, die in der Metropolregion arbeiten und einkaufen. Da wird Mobilität schnell zu ihrem Gegenteil. Deutlich wird der Verkehrsinfarkt an der Seepromenade. Stop and Go geht es entlang der Riva Vincenzo Vela und der Riva Giocondo Albertolli. Da tröstet allenfalls der herrliche Seeblick während des Staus.

Die Stadtverwaltung will den öffentlichen Nahverkehr attraktiver gestalten und so dem drohenden Verkehrsinfarkt begegnen. Langfristig soll die angespannte Verkehrssituation durch den Bau eines Straßenbahnnetzes entschärft werden. Dabei gehörte bis 1954 die Schiene zum öffentlichen Verkehrsnetz, doch die Zunahme des Individualverkehrs verdrängte die Tram. Der Vorteil der städtischen Bahn: Straßenbahntrassen verlaufen meistens parallel zur Straße und werden von Staus nicht berührt. Geplant wurde zunächst eine Tramlinie vom Busbahnhof Pensilina im Stadtzentrum Luganos in die Industrie- und Gewerbezonen im benachbarten Tal des Flusses Vedeggio. Inzwischen sind die Pläne konkreter und wurden um ein H-förmiges Straßenbahnnetz im Großraum Lugano ergänzt. So soll der öffentliche Nahverkehr bis nach Manno im Norden und im Süden bis Molinazzo und Ponte Tresa reichen. Der Bau soll 2016 starten, die Inbetriebnahme ist für 2023 vorgesehen. Die erste Luganer Straßenbahn fuhr bereits 1896 zwischen dem Stadtzentrum, der Piazza Riforma, dem Fluss Cassarate sowie dem Bahnhof und entlang des Seeufers bis nach Paradiso. 1954 wurde die Tram durch den so genannten „***Filobus***“ abgelöst. Dieser wurde ebenfalls mit Elektrizität angetrieben, die er mittels eines Stromabnehmers aus einer Oberleitung bezog. Der Filobus benötigte jedoch kein Gleisbett.

CASINO** DI **LUGANO

Für den Abend bietet sich ein Besuch im Casino di Lugano an. Die Architektur ist modern und schlicht mit einer Fassade aus Travertin. Im Innern erwarten den Besucher ein ebenso modernes wie elegantes Ambiente. Zwei Restaurants und drei Bars laden ein, außerdem ist das zweite Stockwerk speziell für Raucher eingerichtet. Das Spielangebot umfasst 26 Spieltische sowie 350 Geldspielautomaten. Doch nicht nur Glücksspiele werden hier geboten, sondern auch Unterhaltungsprogramme. Eröffnet wurde das neue Spielcasino 2002. Öffnungszeiten sind von Sonntag bis Donnerstag jeweils 12 bis 4 Uhr, Freitag und Samstag jeweils 12 bis 5 Uhr. Via Stauffacher 1. CH-6901 Lugano. T +41 (0)91 973 7111. info@casinolugano.ch. www.casinolugano.ch.

UNTERKÜNFTE

Zahlreiche Hotels werden auf der Touristik-Website www.ticino.ch vorgestellt, auf der es auch Prospekte zum Download gibt. Eine kleine Auswahl an Hotels in Lugano: (1) ***Grand Hotel Eden*** Riva Paradiso 1. CH-6900 Lugano. T +41 91 985 92 00. EZ ab180 CHF. (2) ***Villa Principe Leopoldo Hotel & Spa*** Via Montalbano 5. CH-6900 Lugano. T +41 91 985 88 55. EZ ab 300 CHF. (3) ***De La Paix*** Via Cattori 18. CH-6900 Lugano. T +41 91 960 60 60. EZ ab 228 CHF. (4) ***Continental Parkhotel*** Via Basilea 28. CH-6900 Lugano. T +41 91 966 11 12. EZ ab 125 CHF. (5) ***Casa Santa Birgitta*** Via S. Calloni 14. CH-6900 Lugano. T +41 91 994 12 12. EZ ab 85 CHF.

ESSEN** UND **TRINKEN

Erstklassige Restaurants, in allen wichtigen Gastronomieführern gelistet, bieten feine Kulinarik. (1) ***Arté*** Piazza Emilio Bossi 7. CH-6900 Lugano-Cassarate. T +41 (0)91 973 48 00. (2) ***Grotto Grillo*** Via Ronchetto 6. CH-6900 Lugano. T +41 (0)91 970 18 18. www.grottogrillo.ch. (3) ***Restaurant La Veranda - Hotel Splendide Royal*** Architektonisch beeindruckendes Luxushotel an der Seepromenade gelegen. Könige und andere mächtige Staatslenker fanden schon hierher. (4) ***Riva*** Antonio Caccia 7. CH-6900 Lugano. T +41 (0)91 985 77 11. www.splendide.ch. (5) ***Villa Principe Leopoldo Hotel & SPA*** Via Montalbano 5. CH-6900 Lugano. T +41 (0)91 985 88 55. www.leopoldohotel.com.

UNTERHALTUNG** AM **ABEND

Diskotheken (1) ***Club 1*** Via Cantonale 1. CH-6900 Lugano. T +41 (0)78 909 75 50. (2) ***Living Room*** Hier gibt es Alternative Rock, Rock'n'Roll,

Ska, Surf, R&B, Tech House und Progressive. Via Trevano 89 a. CH-6900 Lugano. T +41 (0)91 970 15 17. www.livingroomclub.ch. (3) ***Underground Club*** Via Soave 7. CH-6900 Lugano. WKND Für Freunde von Deep House, Hip Hop, Hits, House. Via Trevano 56. CH-6900 Lugano. T +41 (0)91 970 38 43. www.wknd.ch. Nacht-Clubs (4) ***La Piccionaia*** Corso Pestalozzi 21. CH-6900 Lugano. T +41 (0)91 921 02 84. www.lapiccionaia.ch. (5) ***Zodiaco*** Via Molinazzo 2. CH-6900 Lugano. T +41 (0)91 971 91 98. (6) ***Cécil Kabarett*** Show und Tanz. Via Guisan 3. CH-6900 Lugano-Paradiso. T +41 (0)91 994 97 24. Piano Bars (7) ***Principe Hotel Villa Principe Leopoldo*** Via Montalbano 5. CH-6900 Lugano. T +41 (0)91 985 88 55. www.leopoldohotel.com. (8) Hotel Splendide Royal Riva A. Caccia 7. CH-6900 Lugano. T +41 (0)91 985 77 11. www.splendide.ch.

*DIE **WICHTIGSTEN** (HISTORISCHEN)**GEBÄUDE***

CHIESA SANTA MARIA DE GLI ANGIOLI

Für viele die erste Anlaufstelle. Sehenswert in der im 15. und 16. Jahrhundert erbauten und geweihten Kirche ist das riesige Freskenbild aus der Renaissance. Es ist das bedeutendste der gesamten Schweiz und zeigt die Passionsgeschichte Jesu auf ungewöhnliche Weise. Die Kirche war ursprünglich ein Teil eines Klosters, welches Mitte des 19. Jahrhunderts aufgelöst wurde. Die Kirche behielt ihre Aufgabe, das Kloster wurde später als Hotel genutzt. Entlang der Promenade nach Süden erreicht man die Kirche nach kurzer Zeit, die Umgebung wirkt etwas überbaut. Chiesa Santa Maria degli Angioli Piazza Luini.

CHIESA SAN ROCCO

Wie viele andere Kirchen auch, wurde San Rocco im 16. Jahrhundert auf den Überresten einer alten Kirche errichtet. Die alte Weihe lautete auf San Biagio. Schön sind die zahlreichen Stuckarbeiten, die sowohl an der Fassade als auch im Inneren der Kirche zu bewundern sind. Die Fresken zeigen biblische Szenen und Auszüge aus dem Leben des Heiligen Rocco und Sebastiano. Chiesa San Rocco Lugano Piazza San Rocco.

KATHEDRALE SAN LORENZO

Das Fundament geht auf das 9. Jahrhundert zurück. Bis heute erfuhr das Gotteshaus zahlreiche Veränderungen und Erweiterungen. Aus vielen Epochen finden sich noch Überreste, vieles ist hier zu entdecken. Die imposante Fassade und die zahlreichen Fresken sowie anderer Kirchenschmuck sind sehenswert. Cattedrale San Lorenzo. Via Cattedrale.

NÜTZLICHE TIPPS FÜR LUGANO

MIETBOOTE

Ausländische Touristen erhalten eine Segel- und/oder Motorboot-Erlaubnis bei Malcantone Turismo Piazza al Lago, CH-6987 Caslano, Tel. +41 (0)91 606 29 86, Fax +41 (0)91 606 52 00, E-Mail: info@malcantone.ch. Über Bootsvermietungen - und viele andere Sportmöglichkeiten - informiert das Luganer Tourismusbüro (Uffizio Informazioni, Riva Albertolli - Palazzo Civico, CH-6901 Lugano, +41 (0) 58 866 6600, Fax +41 (0) 58 866 6609. Hier eine Auswahl an Bootsvermietern: Boatcenter Palace Lugano SA, Piazza B. Luini, CH-6900 Lugano, Tel. +41 (0)91 923 57 33, www.boatcenterlugano.com. Claudio Schmidt Riva Albertolli, CH-6900 Lugano, Tel. +41 (0)79 621 35 30, claudiopedalo@hotmail.com. Motoscafi Riuniti SA Piazza Rezzonico - Riva V. Vela, CH-6900 Lugano, Tel. +41 (0)79 503 59 48, www.motoscafiriuniti.ch.

FOX TOWN FACTORY STORES

Einkaufen, bis der Arzt kommt! Für Liebhaber nobler Marken empfiehlt sich ein Tagesausflug in das Einkaufszentrum FoxTown in Mendrisio, rund 15 km von Lugano entfernt, mit seinen vielen Factory-Outlets. Hier finden sich auf drei Ebenen und in insgesamt 160 Geschäften die Adressen nobler Modehäuser (Armani, Burberry, Cerruti, Dior, Dolce & Gabbana, Fendi, Ferré, Gucci, Boss, Jil Sander, Les Copains, Prada, Ferragamo, Valentino, Versace u.a.), edler Freizeitkleidung (CK, Diesel, Guess, Lacoste, Polo Ralph Lauren…), knalliger Kids-Wear (Il Pinco Pallino, Kid Space, Petit Bateau u.a.), toller Schuhe (z.B. Guardiani, Bally, Geox, Tod's), feinster Dessous (z.B. Aubade, Calida, Hanro, La Perla), dazu beste Adressen für das häusliche Ambiente, für Elektronik, Schmuck, Gepäck- und Sportartikel. Die Händler versprechen ganzjährig Preisnachlässe zwischen 30 und 70 Prozent. Natürlich sind Parkplätze, Essen und trinken, Spielcasino, Friseur, Kinder-Unterhaltung und Geldwechselstellen vor Ort. FoxTown Factory Stores Via A. Maspoli 18. CH-6850 Mendrisio. T +41 (0)848 828 888. www.foxtown.com. Öffnungszeiten: täglich, auch an Sonn- und Feiertagen, 11 bis 19 Uhr. Anfahrt: via A 2 (E 35) Lugano-Milano, Ausfahrt Mendrisio.

SCHIFFSVERKEHR AM LUGANER SEE

Mit dem Schiff auf dem Ceresio kreuzen, das darf als die erholsamste Art gelten, die Region zu erkunden. Die ***Società Navigazione Lago di Lugano*** bedient mit ihrer Flotte mit derzeit neun Schiffen täglich 15 Kreuzfahrten auf dem Golf von Lugano. Das Angebot der Reederei umfasst Vormittags-, Mittags- sowie Abendkreuzfahrten. Das Schöne ist, dass man an jedem beliebigen Anlegepunkt aussteigen und später mit einem anderen Schiff weiterfahren kann - so als würde man den Bus nehmen. Ein weiterer Vorteil einer See-Kreuzfahrt ist, dass einen die Uferlandschaft durchgehend begleitet. Mit dem Auto ist es nicht möglich, das Ufer durchgehend zu befahren. Die Straßen entfernen sich immer wieder vom Wasser. Von See aus bietet das Ufer mit seinen Dörfern einen ganz anderen Reiz, den man vom Land selbst gar nicht erfahren kann. Da möchte man spontan einen Zwischenstopp einlegen, um das Dorf genauer anzuschauen und einen Kaffee zu trinken. Wer nicht an Land will, muss auf See nicht Hungern und Durst leiden: Auf den Schiffen gibt es je nach Tageszeit die passende kulinarische Bewirtung.

Zu sehen gibt es reichlich, so laden das Schweizerische Schmugglermuseum, das Swissminiatur - die Schweiz in Kleinformat -, der Parco Scherrer, der Monte Generoso und vieles mehr zu einem Zwischenstopp ein. Auf anderen Seeabschnitten verkehren die Crociere Panoramiche del pomeriggio, sogenannte Panorama-Kreuzfahrten am Nachmittag. Die Besonderheit dieser Route über Ponte Tresa ist unter anderem die Durchfahrt der Seeenge bei Lavena. Spezielle Kombi-Tickets ermöglichen die Rückfahrt mit der Bahn. Die Schiffe sind behindertengerecht. Die Mitnahme von Fahrrädern ist möglich. Kontakt | Società Navigazione del Lago di Lugano Viale Castagnola 12. CH-6906 Lugano. +41 (0)91 971 52 23. info@lakelugano.ch. www.lakelugano.ch.

TICINO TICKET

Die Rabatt-Karte Ticino Ticket, die jeder Gast erhält, der in Hotels, Jugendherbergen oder Campingplätzen übernachtet. Mit Ankunft im Hotel wird eine Karte im Wert von mehr als CHF 50 pro Tag ausgehändigt, die bis zum Abreisetag gültig ist. Mit dieser Karte kann der öffentliche Verkehr im ganzen Kanton Tessin gratis genutzt werden. Mit der Karte haben die Touristen die Möglichkeit, jeden Winkel des Kantons mit dem öffentlichen Verkehr zu erkunden. www.ticino.ch.

KULTUR UND FREIZEIT

Kulturangebote und Freizeitmöglichkeiten sind in Lugano zahlreich vorhanden. Museen, Kunstgalerien, Bibliotheken und Theater bieten Kulturinteressierten ganzjährig viel Kurzweil. Von Frühling bis Herbst starten zusätzlich das „Lugano Festival" mit Darbietungen klassischer Musik sowie das „Estival Jazz" mit Open-Air-Konzerten. Das „Spettacolo Pirotecnico" zeigt ein Feuerwerk von atemberaubender Schönheit. Das kulinarische Weinfest „Festa d'Autunno" am ersten Oktober-Wochenende läutet das Ende der Veranstaltungen mit lokalen Produkten im Freien ein. Ein besonderer Ort für kulturelle Veranstaltungen ist das Kulturzentrum LAC (Lugano Arte e Cultura). Das LAC soll nach Vorstellung der Stadt internationale Bekanntheit erlangen. Das Zentrum bietet einen riesigen Theater-

sowie einen ebenso üppig dimensionierten Konzertsaal für Darbietungen von Weltrang. Der Entwurf stammt vom Architekten Ivano Gianola, einem bedeutenden Vertreter der Tessiner Schule, zu der auch Baumeister wie Mario Botta, Livio Vacchini und Luigi Snozzi zählen. Direkt neben der Chiesa Santa Maria degli Angioli an der Promenade. Infos unter www.estivalugano.ch.

LUGANOS MUSEENLANDSCHAFT

Kantonales Kunstmuseum ***Museo cantonale d'arte*** Via Canova 10. CH-6900 Lugano. T +41 (0)91 910 47 80. www.museo-cantonale-arte.ch. ***Museo d'Arte***. Villa Malpensata. CH-6900 Lugano. T +41 (0)58 866 72 14. www.masilugano.ch. ***Villa Cian***i Parco Civico-Ciani. CH-6900 Lugano. T +41 (0)58 866 72 14. ***Kantonales naturhistorisches Museum*** Viale C. Cattaneo. CH-46900 Lugano. T +41(0)91 815 47 61. www.ti.ch/mcsn.

BIBLIOTHEKEN IN *LUGANO*

Biblioteca Interculturale della Svizzera Italiana Via Trevano 29. CH-6900 Lugano. T +41 (0)44 586 93 88. www.ondemedia.com. ***Biblioteca Internazionale di Gastronomia*** Via Paolo Regazzoni 6. CH-6900 Lugano. T +41 (0)91 994 96 61. www.fondationbing.org. ***Biblioteca Salita dei Frati*** Die 1980 eröffnete Bibliothek ist in einem Flügel des Klosters der Kapuzinermönche untergebracht. Von den 110000 Büchern und 400 Zeitschriften stammt der Großteil aus dem Kloster. Die Anfänge der Klosterbibliothek gehen auf das 16. Jahrhundert zurück. Salita dei Frati 4. CH-6900 Lugano. T +41 (0)91 923 91 88. www.bibliotecafratilugano.ch. ***Centro culturale cinese il Ponte*** Via Ciseri 2. CH-6900 Lugano. T +41(0)91 921 34 81. www.centrocinese.ch.

Kantonsbibliothek Die Bibliothek beherbergt die älteste öffentliche Büchersammlung des Kantons und gehört dem Tessiner Bibliotheks-System (SBU) an. Rund 300000 Bücher und 1300 Zeitschriften sind in dem 1942 von den Architekten Carlo und Rino Tami entworfenen Gebäude gelistet. Viale Carlo Cattaneo 6. CH-6900 Lugano. T +41 (0)91 815 46 11. www.sbt.ti.ch/bclu.

Universitätsbibliothek Die Bibliothek ist dem Universitätsbibliotheks-Dienst (SBU) und dem Tessiner Bibliotheks-System (SBT) angegliedert. In den Regalen stehen rund 30000 Bücher sowie 700 Zeitschriften mit Schwerpunkt Wirtschaftsforschung. Via G. Buffi 13. CH-6900 Lugano. T +41 (0)58 666 45 00. www.bul.unisi.ch.

CREDIT SUISSE
AXA

CASTAGNOLA-CASSARATE (LUGANOS OSTEN)

Castagnola-Cassarate am Südwestfuß des Monte Brè wurde 1972 in die Stadt Lugano eingemeindet. Während des 20. Jahrhunderts entwickelte es sich zum größten ***Wohn- und Feriengebiet*** rund um die Metropole. Das hängt eng mit der ab 1908 erbauten, 1912 eröffneten Standseilbahn Funicolare Monte Brè zusammen.

MONTE BRÈ

Der Monte Brè gilt als sonnigster Berg der Schweiz. Der Name geht auf ein keltisches Wort für „Berg" zurück. Die ***Standseilbahn***, deren oberste Tunnelöffnung wie ein dunkles Maul am Monte Brè schon vom Luganer Stadtzentrum aus zu sehen ist, legt eine insgesamt 1 620 m lange, zweiteilige Strecke zurück, die bis zum Gipfel des Monte Brè (933 m) insgesamt 15 Fahrminuten dauert. Die unglaublich steile Trasse überwindet 660 Höhenmeter, entsprechend atemberaubend ist die Aussicht. Zusteigemöglichkeiten bieten die Talstation Lugano-Cassarate (mit TPL-Buslinie 1 ab Stadtzentrum, Station „Cassarate-Monte Brè", zu erreichen) oder die Mittelstation Suvigliana (erreichbar ab Zentrum mit Buslinie 11, Station Ruvigliana + 400 m Fußweg). Die beiden Stationen des Funicolare bieten Parkmöglichkeiten. Im Juli und August fährt der Funicolare freitags und samstags sogar bis 23 Uhr. Informationen und Angebote: ***Funicolare Monte Brè*** Via Ceresio 36, CH-6977 Ruvigliana. www.montebre.ch oder www.lugano-tourism.ch. Auf dem Gipfel des Brè gibt es Picknickplätze sowie einen Spielplatz. An der Bergstation können Mountainbikes gemietet werden. Die Station ist Startpunkt für mehrere gut ausgeschilderte Mountainbike- und Wanderstrecken unterschiedlicher

Schwierigkeitsgrade. Zudem kann man von der Bergstation aus in das Künstlerdörfchen Brè mit dem Museum Wilhelm Schmid spazieren. Wilhelm Schmid (1892-1971) war ein Künstler und bedeutender Vertreter der „Neuen Sachlichkeit", der in Brè seine Wahlheimat fand. Das Museum ist behindertengeeignet, der Eintritt ist frei. ***Museo Wilhelm Schmid*** Contrada Prò 22. 6979 Brè s/Lugano. T +41 (0)58 866 69 10. T +41 (0)58 866 72 14 . F +41 (0)58 866 74 97. cultura@lugano.ch. Öffnungszeiten: Ende März bis Ende Oktober, Do.-So. 10-12 Uhr und 14-18 Uhr.

VILLA FAVORITA

Zu der langgestreckten Villa mit niedrigem, quadratischem Eckturm gehören 600 m Seeufer. Das Gebäude wurde 1687 von ***Karl Konrad von Beroldingen***, einem Grafen aus dem Kanton Uri, errichtet. 1919 bis 1932 gehörte es Friedrich Leopold Prinz von Preußen, danach kaufte es der Unternehmer Heinrich Thyssen (1875-1947). Der reiche Kunstsammler brauchte das Haus nicht nur als Wohnsitz, sondern auch für seine gewaltige Kollektion, deren Schwerpunkt die europäische Malerei vom 15. bis 19. Jahrhundert bildet. Nach seinem Tod 1947 wurde die Sammlung von seinem Sohn, dem Juristen und Kunsthistoriker Hans Heinrich Thyssen-Bornemisza de Kászon (1921-2002), weiter gepflegt und ausgebaut. Eine Zeitlang konnten die Kunstwerke in der Villa Favorita vom Publikum besichtigt werden. Hans Heinrich Thyssen-Bornemisza verkaufte die Kunstsammlung 1993 für 350 Millionen Dollar an den spanischen Staat. Als er 2002 starb, erbte seine Witwe, Carmen Cervera, die Villa. Sie befindet sich heute noch im Privatbesitz.

VILLA MUSEO DELLE *CULTURE*

Die wunderschöne, 1930 bis 1934 erbaute rosa ***Villa Heleneum*** am Seeuferweg wurde nach dem Vorbild des „Petit Trianon" in Versailles gestaltet. Nach dem Wunsch der ersten Besitzerin, dem ehemaligen Pariser Varieté-Star Hélène Bieber (1967), sollte das Haus eine Stätte der interkulturellen Begegnung werden. Passenderweise ist hier auf drei Etagen das Museo delle Culture untergebracht, das sich Kunst und Kultur verschiedener Ethnien in aller Welt verschrieben hat, ganz besonders Kulturen Südostasiens, Afrikas und Ozeaniens. Das Museum entstand 1985 aufgrund der Schenkung des Künstlerehepaars Serge und Graziella Brignoni, die eine der bedeutendsten ethnokulturellen Sammlungen Europas zusammengetragen haben. Mehr als 600 Alltags- und Kultgegenstände, Waffen und Musikinstrumente wie auch Skulpturen und Masken sind ausgestellt. Zu dem Museum gehört ein Kongress- und Studienzentrum für Völkerkunde mit Tagungs- und Vortragsprogramm. ***Museo delle Culture*** Via Cortivo 26. 6976 Castagnola. T +41 (0)58 866 69 60. info.mcl@lugano.ch. www.mcl.lugano.ch. Öffnungszeiten: ganzjährig (01.08., 24./25.12., 31.12./01.01. geschl.), Di-So 10-18 Uhr. Leider ist das Museum für Rollstuhlfahrer noch nicht geeignet.

Eine Attraktion ist auch der herrliche, noch im Original-Jugendstil erhaltene ***Park der Villa Heleneum***, der seine üppige mediterrane und subtropische Pflanzenwelt seiner besonders windgeschützten Lage verdankt. Zitronen, Orangen, Kumquats, Palmen und Palmfarne blühen und gedeihen in diesem wunderbaren Garten, der ab 1931 entstand. Seltene Kamelien- und Lilienarten kann man hier, zwischen Treppen, einer steinernen Grotte und schmiedeeisernen Gittern, ebenso genießen wie alte Rosen und Glyzinien. Ein australischer Eukalyptusbaum, viele Zypressen und Zedern spenden Schatten.

UNTERKÜNFE

(1) ***Grand Hotel Villa Castagnola au Lac*** Das 1885 eröffnete Hotel mit üppigem subtropischen Park entstand aus einem Herrenhaus, das einst einer russischen Adelsfamilie gehörte. Es liegt direkt am Seeufer, in Laufweite der Luganer Altstadt, der Talstation des Funicolare Monte Brè, eines Schiffsanlegers und einer Bushaltestelle. Mit 78 Zimmern, 28 Suiten,

einem Privatstrand, Tagungsräumen und den Restaurants „Le Relais" und „Galleria Arté al Lago" gehört es zu den luxuriösesten Häusern am Platz. Seit der Eröffnung des Hotels ist die zu Beginn des 16. Jh. erbaute Kirche Santi Pietro e Andrea in dessen Privatbesitz. Viale Castagnola 31. 6906 Lugano. T +41 91 973 25 55. www.villacastagnola.com. (2) ***Hotel Elvezia al Lago*** Das hübsche, ruhige Hotel im Tessiner Stil liegt am Seeuferweg zwischen Castagnola und Gandria. In wenigen Gehminuten Entfernung liegt ein Lido für Kinder. Gandria ist 12 Gehminuten entfernt. Mit eigenem Restaurant (Spezialität: täglich frischer hausgemachter Guglhupf). 8 Zimmer, 1 Apartment, Übernachtung ab 150 CHF inkl. Frühstück, Seeterrasse, ruhiger Badesteg, Bootsliegeplätze, Haustiere nach Absprache, geöffnet Ostern bis Ende Oktober. Sentiero di Gandria 21, CH-6976 Castagnola. T +41 (0)91 971 44 51. www.elvezialago.ch. (3) ***Locanda Castagnola*** 12 Zi. in zentraler Lage, etwas laut gelegen, aber vergleichsweise preisgünstig. Via Vecchio Municipio 1, 6976 Lugano. T +39 (41) 919712226. (4) ***Bed & Breakfast Guesthouse Castagnola*** 2010 renoviertes Tessiner Landhaus aus dem 16. Jh. mit viel Atmosphäre. 2 Apartments (Nichtraucher), TV, W-LAN, Haus- und Wäscheservice, Gästefahrräder. Übernachtung ab 140 CHF, Wochenpreis ab 750 CHF. (5) Guesthouse Castagnola Salita degli Olivi 2, CH-6976 Castagnola, Lugano. T +41 (0)78 632 6747. www.gh-castagnola.com.

ESSEN** UND **TRINKEN

(1) ***Osteria Funicolare*** Schattiges Pausenplätzchen mit Terrasse an der Bergstation mit regionaltypischen kleinen Gerichten. Scalinata alla Torretta 30. CH-6979 Brè sopra Lugano. T +41 (0)91 971 36 33. (2) ***Ristorante Vetta*** Das kürzlich renovierte Gipfelrestaurant mit spektakulärem Blick zur Tages- und Nachtzeit ist von Ende März bis Ende Oktober geöffnet. Es kann auch im Auto oder Bus angefahren werden. Ab Cassarate ist die Straße nach Brè ausgeschildert. Parkplätze gibt es in Brè auf der Piazza. Das Lokal bietet auch Spezial-Events wie Konzertabende. 220 Plätze, davon 175 außen, lokale und internationale Gerichte. CH-6900 Monte Brè. T +41 (0)91 971 2045. www.vetta.ch.

PARADISO IM SÜDEN LUGANOS

Paradiso - das vor 1929 Calprino hieß - wird häufig für einen Vorort von Lugano gehalten, ist jedoch eine selbstständige Gemeinde. ***Dicht besiedelt zieht sie sich den Monte San Salvatore hinauf***. Die Bus- und Schiffsverbindung zwischen Lugano und Paradiso ist gut, man kann jedoch auch zu Fuß bequem von einem Ort zum anderen wandern. Die 2 km lange, skulpturen- und blumengeschmückte ***Uferpromenade*** (Lungolago) mit Seefontäne und zahlreichen Hotels prägt das Gesicht Paradisos. Man begegnet neben einigen repräsentativen Hotelbauten aus dem 19. Jh., nebst dazugehörigen Bars und Restaurants, vielen Architekturstilen des 20. Jh., die keinesfalls alle eine Augenweide sind. Das ganze Ensemble aber ist als Überblick über die Zeitgeschichte interessant. An den Hängen des Monte Salvatore sieht man gelegentlich auch ***alte, herrschaftliche Villen***. Die Seeuferstraße führt ab Paradiso unterhalb des Monte San Salvatore in Richtung Ponte Diga, des großen Seedamms zwischen Bissone und Melide. In Bissone führt ein Abzweig in die italienische Enklave Campione d'Italia. In Centro Paradiso befindet sich eine Autobahnauffahrt. Wer die Autobahn in Centro Paradiso verlässt, um nach Lugano zu gelangen, landet in der Regel im Stau, kann aber dabei schon erste Ausblicke auf den See und die Berge genießen. Die Hauptstraße, die ab 1980 errichtete Autobahn - die den Monte San Salvatore untertunnelt - und die Eisenbahn laufen bis Chiasso beinahe parallel. Am anderen Ende des Seedamms, in Melide, biegt die Hauptstraße ab nach Morcote. Von Paradiso aus führt eine Standseilbahn, der Funicolare San Salvatore, auf den gleichnamigen beliebten kegelförmigen Aussichtsberg Luganos (912 m), der ein wenig an den ‚Zuckerhut' in Rio de Janeiro erinnert.

Die Strecke ist 1630 m lang, überwindet etwa 600 Höhenmeter und steigt dabei bis zu 61% an. Die Bahn klappert schon seit 1890 den Berg hinauf und hinunter, wurde jedoch 2001 komplett runderneuert - inklusive Waggons mit Panoramadach , was sie sich nach insgesamt etwa 15 Millionen Passagieren redlich verdient hatte. Sie ist jedes Jahr etwa von Mitte März bis Ende Oktober im Dienst, die Fahrt ist mit einem Preis ab 18 CHF pro Erwachsenem vergleichsweise günstig. Im Sommer fährt der Funicolare bis 23 Uhr. Funicolare Lugano-Paradiso - Monte San Salvatore SA. Via delle Scuole 7. CH-6902 Lugano-Paradiso. T +41 91 985 28 28.

Auf dem Berggipfel begrüßt seit 1999 das ***Museo San Salvatore*** Besucher. Es befindet sich in einer restaurierten Pilgerherberge aus dem 18. Jh. Mönche der Erzbruderschaft Santa Marta halfen bei der Einrichtung des Museums mit. Die Ausstellung gliedert sich in mehrere Themenbereiche, die auf den Berg und seine Geschichte bezogen sind: Sakrale Kunst, Geologie, Höhlenforschung sowie - last not least - Blitze. Denn auf dem Monte San Salvatore war zwischen 1943 und 1982 ein weltbekanntes Beobachtungs- und Forschungszentrum für Blitze aktiv. Entsprechend spektakulär sind die ausgestellten Fotos. Auf dem Berggipfel gibt es einen auch für Anfänger geeigneten, von Bergführern begleiteten Klettersteig (via ferrata). Informationen: Guide Alpine Ticino. Scuola Svizzera di alpinismo. Gradinata Pometta 3. 6900 Massagno. www.guidealpineticino.ch. info@guidealpineticino.ch. T +41 79 740 39 80. F +41 91 968 11 19. Weitere Attraktionen sind ein ***Naturlehrpfad*** (percorso naturalistico) und ein Gipfelrestaurant (Ristorante Vetta) mit 200 Terrassensitzplätzen, mediterraner Küche und frischen Produkten der Saison. Das Lokal lässt sich auch mieten (Anfragen: info@montesansalvatore.ch). Vom Monte San Salvatore aus führt ein beliebter Bergwanderweg (1 h 20 min.) in das ***Künstlerdorf Carona***, ein Muss für Hermann-Hesse-Fans. Andere beschilderte Bergwanderwege führen beispielsweise nach Melide (2 h 10 min.), Morcote (3 h 35 min.) oder zurück nach Paradiso (1 h 35 min.). Informationen zum Funicolare und zum Monte San Salvatore (auch dt.): www.montesansalvatore.ch. info@montesansalvatore.ch.

UNTERKÜNFTE

(1) ***Novotel Lugano Paradiso*** 96 Zi., ab 195 CHF, behindertengeeignet, W-LAN, Nichtraucher, Haustiere erlaubt, Swimmingpool, Restaurant, Bar, Tiefgarage. Viale San Salvatore 11. 6900 Lugano - Paradiso T (+41)919850909. (2) ***Hotel Victoria au Lac*** 30 Zi., ab 110 CHF, W-LAN, 2 Restaurants, Terrasse zur Seepromenade, kleine Haustiere erlaubt, Nichtraucherzimmer, Nachtclub mit Live-Musik, Tiefgarage. Das Original-

Jugendstilgebäude wurde 1885 als „Hotel San Salvatore" eröffnet. Englische Touristen liebten es ganz besonders. Ihrer damaligen Königin zu Ehren wurde es in „Victoria" umbenannt. Riva Paradiso 2b (Eingang: Via G. Guisan 3) CH-6902 Paradiso-Lugano. T +41 (0) 91 994 20 31. http://victoriahotel.ch/de. (3) ***Hotel ibis Lugano Paradiso*** 70 Zi., behindertengeeignet, Nichtraucher, Haustiere erlaubt, Swimmingpool, Bar, Tiefgarage, W-LAN, 9-Loch-Golfplatz, Tennis, Tretboot- und Fahrradverleih. Via Geretta 7. 6900 Lugano-Paradiso. T +41 (0)919861909.

ESSEN UND TRINKEN

(1) ***Ristorante Pizzeria Verace*** Via Guisan 16, Paradiso, T +41 91 993 03 23. Gute Pizza, besonders die Diavola, ab 13 Franken; aucm Draußensitzen. (2) ***Ristorante Paradiso*** Via San Salvatore 16, Paradiso, T +41 91 220 97 24; sehr freundliches und hilfsbereites Personal, günstig und einfache Gerichte. (3) ***Tsukimi Tei*** Via Carona 27, Paradiso, T+41 91 993 11 11. Gutes japanisches Restaurant, gehört zum Suitenhotel Costa Paradiso; für alle zugänglich; www.parco-paradiso.com.

GANDRIA

Gandria war bis 2004 eine selbstständige Gemeinde, dann wurde es in die Stadt Lugano eingemeindet. ***Das malerische Dörfchen*** zu Füßen des Monte Brè ist, wenn man der Seeuferstraße von Lugano aus in Richtung Porlezza folgt, das letzte Schweizer Dorf vor der Grenze, die zwischen Grenzstation und **Zollmuseum** quer über den See verläuft. Blasmusikern ist das Dorf bekannt durch den gleichnamigen Marsch, den der Schweizer Dirigent und Komponist ***Gian Battista Mantegazzi*** (*1889 in Riva San Vitale, +1958 in Zürich) um 1940 anlässlich eines Festes komponierte. Gandria, ein autofreies Dorf, liegt unterhalb der Seeuferstraße und ist geprägt von schmalen Gässchen, alten Gebäuden und zahlreichen Treppen. In früheren Zeiten lebten hier hauptsächlich Fischer und die Wächter der Grenze. Die ersten menschlichen Besiedlungsspuren stammen aus keltischer Zeit um etwa 800 v.Chr. In einer hoch gelegenen Waldlichtung bei Gandria findet sich der große prähistorische Schalenstein Sasso della Predescia. Menschenhand hat dort rätselhafte Zeichen, schalenförmige Vertiefungen (cupelli) und Kreuze eingeritzt.

SENTIERO NATURALISTICO E ARCHEOLOGICO *(NATURPFAD)*

Der Lehr- und Wanderpfad (s. Broschüre) mit insgesamt 15 Stationen wurde 1999 eröffnet. Die markierte Wegstrecke von etwa 7 km ist in gut drei Stunden zu bewältigen. Startpunkt ist Lentisgee an der Kantonsstraße in Gandria. Der Weg führt über terrassiertes, jetzt bewaldetes ehemaliges Olivenbaugelände nach ***Lizzura und Scensc***, die ältesten Siedlungskerne Gandrias. Sie liegen auf etwa halber Höhe des Monte Brè. Danach trifft man auf den mit geheimnisvollen Zeichen geritzten Sasso

della Predescia, im Volksmund „Sasso delle Streghe" (Hexenstein). Vermutlich wurden hier, mit dem Felsblock als Altar, bis in die ersten nachchristlichen Jahrhunderte hinein Opfer dargebracht. Erstmals schriftlich erwähnt wurde die Gemeinde Gandria als „Gandrio" 1237 in den Urkunden des Bischofs von Como. Um 1300 siedelten die Bewohner von Gandria, das zuvor auf dem Monte Brè lag, aus ungeklärten Gründen an den heutigen Standort am Seeufer um. Vielleicht hatten die Bauern infolge eines Viehsterbens beschlossen, mehr Fisch in ihren Speiseplan aufzunehmen. Das Dorf war viele Jahrhunderte nur im Boot oder über äußerst steile Fußpfade zu erreichen. Um 1600 gab es in Gandria 50 Kühe, die nicht nur mit Eimern aus dem See getränkt, sondern auch zum Weiden ans andere Seeufer gerudert werden mussten. Das harte Leben änderte sich erst 1936 mit dem Bau der hier sehr tunnelreichen Kantonsstraße. Die neue Verbindung nach Lugano und Italien brachte wirtschaftlichen und touristischen Aufschwung.

CHIESA SAN VIGILIO

Die Kirche stammt aus dem Spätmittelalter und wurde 1463 Pfarrkirche. Namensgeber ist St. Vigilius, ehemals Erzbischof von Trento, der zu Tode gesteinigt wurde. Sein Martyrium ist in einem großen Altargemälde der Maler Giovanni und Giuseppe Torricelli dargestellt. Die Torricelli-Brüder dekorierten auch das Haus der einheimischen Künstler Vigilio und Pietro Rabaglio, berühmt durch den Bau des bourbonischen Königspalastes im spanischen Segovia. Der älteste noch erhaltene Teil der Kirche ist die Seitenwand zum Seeufer hin, an der Gedenktafeln für einheimische Adelsfamilien errichtet sind. Die barocke Fassade wurde erst um 1877 vollendet. Im Oktober wird in San Vigilio ein ***Marienfest mit Prozession*** gefeiert. Männer aus der Gemeinde tragen die Marienstatue der Kirche durch das treppenreiche Dorf.

FESTE IN GANDRIA

Zwei Mal im Jahr feiert Gandria Open-Air-Dorffeste für die Öffentlichkeit: Im August wird das „***Gnocchi-Fest***" (Festa di Gnocc) mit viel Musik und einer Tombola veranstaltet. Im Februar steigt der „***Carneval di Tor***" (Stier-Karneval, nach dem Wappentier von Gandria) mit traditionellem Risotto-Schmaus. Am Anlegesteg von Gandria steht ein über 10 Meter hoher, uralter Olivenbaum. Der erinnert an Gandrias Vergangenheit als bekannter Olivenöl-Produktionsort. Diese Ära dauerte bis 1709, als in einem extrem frostigen Winter die Olivenbäume abstarben. Erst seit den 1990er Jahren macht man hier wieder Anbauversuche, die u.a. auf dem „Sentiero dell'Olivo" bewundert werden können.

SENTIERO DELL'OLIVO

Der 7 km lange, 2002 angelegte Oliven-Wanderweg führt durch Olivenhaine und Wälder **zwischen Gandria und dem Nachbarort Castagnola**. Auf 18 Informationstafeln erfährt der Wanderer alles über Olivenbäume und Oliven, die Geschichte ihres Anbaus und das daraus gewonnene Öl. Startpunkt ist der Parkplatz an der Kantonsstraße in Gandria oder am ehemaligen Gemeindehaus von Castagnola. Unter anderem führt der Weg an einem 1999 angelegten Bio-Olivenhain vorbei. Zu sehen ist auch ein schönes Patrizierhaus aus dem 16. Jh., das einstmals einer Familie Verda de Olivetis gehörte und daher mit einem Wappen verziert ist, das einen Olivenbaum zwischen Lilien zeigt.

INFORMATIONEN

Ente Turistico del Luganese Riva Albertolli - Palazzo Civico. 6978 Gandria. T +41 (0)58 866 66 00. www.luganoturismo.ch. 1856 verlegten sich die Bewohner von Gandria auf die Zucht von Seidenraupen. Vom Schiff aus, doch auch im Auto von Lugano aus kommend, sieht man ein längliches gelbes Gebäude, die ehemalige „filanda" (Seidenweberei). Eine nicht unlukrative Einnahmequelle in Gandria und den Orten rund um den See war der Schmuggel, da die Grenze schon immer schwer kontrollierbar war. Wegen der hohen Schweizer Zölle vor allem auf Zigaretten, Fleisch und alkoholische Getränke wurden bevorzugt diese Waren geschmuggelt. In Cantine di Gandria, das sich am Südufer auf Schweizer Boden befindet, steht das schweizerische Zollmuseum, ein Ableger des Schweizerischen Nationalmuseums. **Cantine** ist ein schattiges, kühles Dörfchen, in dem vor Erfindung des Kühlschranks Käse, Wurst und Wein gelagert wurden. Noch heute findet man Grotti, traditionelle Bauernwirtschaften, entlang dem Seeufer in Richtung Caprino.

SCHWEIZERISCHES ZOLLMUSEUM

Das Zollmuseum - mit einem **schönen, mediterranen Garten**, in dem es sich ganz offiziell auch picknicken lässt - ist am besten per Schiff, doch auch zu Fuß zu erreichen. Ein 3 Stunden langer Wanderweg, der allerdings nicht ganz leicht ist, führt von Arogno über Pugerna und Caprino nach Cantine di Gandria. Der 45-minütige Fußweg am Nordufer von Castagnola bis Gandria ist dagegen eben. In Gandria steigt man ins Kursschiff und lässt sich zur Station „Museo doganale" oder „Cantine di Gandria" schippern. Per Linienschiff ist es in rund 25 min. auch von Lugano aus schnell zu erreichen (Stationen: Museo doganale oder Cantine di Gandria). Das 1835 erbaute Gebäude war zunächst eine Zollstation. 1935, nachdem es längst außer Betrieb war, kam der Zolloffizier Angelo Gianola auf die Idee, hier ein besonderes Museum einzurichten, das den Alltag der Zöllner und die Tricks der Schmuggler veranschaulichen sollte. Er rief seine Kollegen auf, beschlagnahmte Stücke aus dem Zollalltag zu sammeln. 1949 war die Sammlung groß genug für die Eröffnung des Museums in stilechtem Ambiente. Nach einem Umbau ab 1970 erfolgte 1978 eine Neueröffnung. Steter Zuwachs an Ausstellungsstücken und Sonderausstellungen zu aktuellen Themen des globalen Grenzverkehrs machen das Museum, das jährlich rund 30000 Gäste besuchen, zu einem attraktiven Ausflugsziel. Zu den seltsamsten Ausstellungsstücken gehört ein kleines U-Boot, mit dem kurioserweise Salami geschmuggelt wurde. Öffnungszeiten: April bis Mitte Oktober täglich 13.30-17.30 Uhr. Eintritt frei. Kontakt und Information: www.zollmuseum.ch

ESSEN UND TRINKEN

In Cantine di Gandria gibt es mehrere Grotti, schattige Lokale, in denen traditionelle regionale Küche geboten wird. Nahe dem Zollmuseum liegt ein Grotto mit schattigem Garten und eigener Bootsanlegestelle (Reservierung erbeten): (1) ***Grotto Teresa Cantine di Gandria***. 6978 Gandria. T +41(0) 91 923 58 95. (2) ***Ristorante le Bucce di Gandria*** Cantonale. Gandria. T+41 91 225 88 33. Sehr gutes Restaurant in modernem, kässigem Stil; direkt an der Hauptstraße; verhaältnismäßg günstig! (3) ***Locanda Gandriese*** Via alla Chiesa 3, Gandria,T +41 91 971 41 81. Sehr kreative Küche und tolle Terrasse.

UNTERKÜNFTE

(1) ***Hotel/Ristorante Le Bucce di Gandria*** Via Cantonale. 6978 Gandria. T +41 (0)76 5635731. Hotel/Restaurant etwa 5 km vom Luganer Zentrum, Restaurant mit Terrasse, mediterrane Küche, Zimmer teilweise mit Balkon, Parkplatz, W-LAN. (2) ***Locanda Gandriese Sotto la Chiesa*** 6978 Gandria. T +41 (0)91 971 41 81. www.locanda.com. Abenteuerlich aussehendes, zwischen alte Häuser eingeschmiegtes Restaurant mit regionaltypischer Küche, gepflegtem Merlot, Aussichtsbalkon zum See und Zimmervermietung.

SCHIFFSVERKEHR

Über regelmäßige Schifffahrten nach Cantine di Gandria und zurück informiert der Fahrplan der Società Navigazione del Lago di Lugano (Linien Lugano - Museo delle Culture - Museo doganale - Gandria und Lugano - Gandria - Porlezza - Lugano). Informationen (auch in dt. Sprache) und Fahrpläne: www.lakelugano.ch.

PARADISO

CAMPIONE D'ITALIA

Campione d'Italia, die italienische Enklave auf Schweizer Boden, ist ein idyllisches Dorf mit ca. 2 100 Einwohnern und einer Fläche von 1,7 Quadratkilometer, gelegen am östlichen Ufer des Luganer Sees. Campione ist ***vollständig von Schweizer Gebiet umgeben*** und nur 7 Kilometer von Lugano entfernt. Der Zusatz d'Italia wurde 1933 unter Benito Mussolini dem Namen Campione angehängt, um die Zugehörigkeit zu Italien zu betonen. Zwei interessante Sehenswürdigkeiten machen einen Besuch in der Enklave lohnenswert: Zum einen das 2007 fertiggestellte gigantische ***Spielkasino Casinò Municipale*** mit 13 Stockwerken. Es ist das größte Europas und wurde vom Tessiner Star-Architekten Mario Botta entworfen. 150 Millionen Franken kostete das Bauwerk. So hoch der Preis, so schwer wiegt auch die Kritik der Anwohner. Sie fühlen sich von der Wucht des Gebäudes erschlagen. Tadel kommt sogar aus dem Haus selbst: Betriebschef Mario Resca bemängelt die schlechte Funktionalität. Doch bei allem schlechten Zeugnis, um eines kommen die Bürger von Campione nicht herum: Das Casino beschert durch seine Einnahmen einen hohen Lebensstandard, der dem des Tessins in nichts nachsteht. Dazu kommt die Währung in Schweizer Franken und ein äußerst niedriges Steuerniveau. Interessant ist auch die Geschichte der Spielbank. Die Legende sagt, dass das Casino während des Ersten Weltkrieges 1917 eröffnet wurde, um ausländische Diplomaten - vor allem die der k.u.k. Monarchie - beim Zocken gesprächig zu machen. Gediegenes Ambiente und satte Gewinne sollten ihnen Staatsgeheimnisse entlocken. Nach dem Krieg entwickelte sich die Spielbank zu einer sehr lukrativen Geldquelle - bis heute. Es erzielte bis vor einiger Zeit einen Bruttogewinn von über 180 Millionen Franken jährlich und lief so den Kasinos in Lugano, Mendrisio und Locarno den Rang ab - sehr zur Freude der Mitarbeiter, die allerdings 2010 einen Dämpfer in Form eines Sparkurses erhielt. Bis dahin bezogen die Bediensteten 14 Monatsgehälter in Höhe von 5 800 Franken. Auch den Gemeindeangestellten ging es prächtig, so erfreute sich ein Polizist über monatlich 6 500 Franken auf seinem Konto, während seine Kollegen im italienischen Mutterland mit (umgerechnet) vergleichbar bescheidenen 1 800 Franken nach Hause gehen. Ein Ende der paradiesischen Zustände? Ganz so dramatisch ist es nicht. Doch immerhin: Das Kasino spielte einen Verlust von schätzungsweise 90 Millionen Franken ein. Die allgemeine Wirtschaftskrise, die von Rom erhobenen Sondersteuern zwecks Sanierung des maroden italienischen Staatshaushalts und die Konkurrenz der Tessiner Spielbanken werden als Ursache gesehen. Auch der starke Franken sägte am Wohlstand der Enklave. Der unvorteilhafte Wechselkurs sprengte ein Loch von 35 Millionen Franken in die Kasinokasse. Die Gemeinde denkt nun laut über eine Sondermaßnahme gegen den unliebsamen Wechselkurs nach: Die Spieler sollen künftig in Euro zocken.

Wer es spirituell mag, besucht die ***Kirche Santa Maria dei Ghirli***, die Ziel für Wallfahrten ist. Sie enthält bedeutende Freskenzyklen aus dem Trecento und dem Seicento, die erst im späten 19. Jahrhundert entdeckt und ab 1962 restauriert wurden. Das Gotteshaus - das ist dokumentarisch belegt - wurde bereits im Jahre 674 der Madonna geweiht. Der Chor und das Innere wurden in den Jahren 1623 bis 1636 im Barockstil umgebaut. 1740 wurde der Pronaos an der Fassade fertiggestellt. Die Kirche liegt im Süden von Campione auf einer Terrasse, die direkt vom Seeufer über eine doppelte Treppe mit vier Treppenläufen zugänglich ist. An der Pfarrkirche San Zenone wurde ein Museum für sakrale Kunst eingerichtet. Unter anderem zeigt es Sarkophage nach römischem Vorbild, die von Künstlern aus Campione im 14. Jahrhundert und vom Pisaner Künstler Giovanni di Balduccio gefertigt wurden. Sehr sehenswert ist auch das Fragment einer Krippe aus Candoglia-Marmor, die wahrscheinlich im Auftrag von Galeazzo Maria Sforza im 15./16. Jahrhundert entstand. Geöffnet wird das Museum nach Vereinbarung mit der Azienda Turistica.

Casinò Municipale Piazzale Milano 2. CH-6911 Campione d'Italia. T +41 (0)91 640 11 11. casinocampioneditalia.it. ***Museo Parrocchiale*** Viale Marco da Campione 10. CH-6911 Campione d'Italia. T +41 (0)91 649 50 51. (Azienda Turistica di Campione d'Italia).

LA LINEA CADORNA | VERTEIDIGUNGSLINIE
GEGEN DAS ***DEUTSCHE HEER*** *UND DIE* ***K.U.K. ARMEE***

Sie ist ein spannendes Ausflugziel und nicht nur für Militärhistoriker interessant, die „Cadorna", eine Verteidigungslinie, die vom Tal ***Val d'Ossola bis zum Veltlin*** verläuft. Ein Großteil liegt auf der Grenzlinie zwischen dem Tessin und der Lombardei. Sie sollte im Ersten Weltkrieg Angriffe Deutschlands und Österreichs abwehren. Der Ernstfall trat jedoch nie ein. „Sie wurde nicht benützt, aber war nicht nutzlos", erklärte General Luigi Cadorna, der Namensgeber des Bollwerks gegen Angriffe des Deutschen Heeres sowie der Kaiserlichen Armee Österreich-Ungarns. Die Eckdaten der Anlage sind denn auch beeindruckend: 72 Kilometer Absperrungen, 25 000 Quadratkilometer Barackenlager mit 88 Artilleriestellungen, verbunden durch gut 300 Kilometer Straßen und ungefähr 400 Kilometer Saumpfade, bilden das militärische Bauwerk. 30 000 Personen wurden beim Bau eingesetzt. Die Baukosten beliefen sich auf 104 Millionen Lire, eine Summe, die rund 150 Millionen Euro entspricht. Gestartet wurde das Projekt 1916.

Die Cadorna-Linie ist das Ergebnis perfekter Planung militärischen Ingenieurwesens. So wurden die Bauten harmonisch in die umliegende Natur integriert - die beste Tarnung gegen das feindliche Auge. Die Errichtung der Anlage hatte sogar einen guten sozialen Nebeneffekt. Viele Arbeiter entgingen so dem Schicksal der Erwerbslosigkeit und erhielten regelmäßigen Lohn. Auch wenn es nie Kampfhandlungen an der Verteidigungslinie gab, sollte das monumentale Bauwerk nicht umsonst gewesen sein. Vielleicht genügte dem Deutschen Heer sowie der Kaiserlichen Armee bereits die Abschreckung. Kämpfe gab es jedoch an der Grenze zwischen Österreich und Italien. Sie forderten Tausende Opfer. Die Cadorna-Linie wurde sehr solide gebaut und ist heute noch größtenteils erhalten. Allerdings ist im Lauf der Zeit die Vegetation prächtig gediehen, so dass der inzwischen gewachsene Wald die Anlage bestens tarnt. Man kann nicht immer sofort erkennen, ob man sich auf einem Waldweg oder einem militärischem Saumpfad befindet. Viele in Felsen gehauene Tunneleingänge werden vom üppigen Grün verschluckt. ***Manche Abschnitte wurden jedoch restauriert und mit Informationstafeln ausgestattet***. Ausgeschilderte Rundgänge führen Besucher durch die Geschichte.

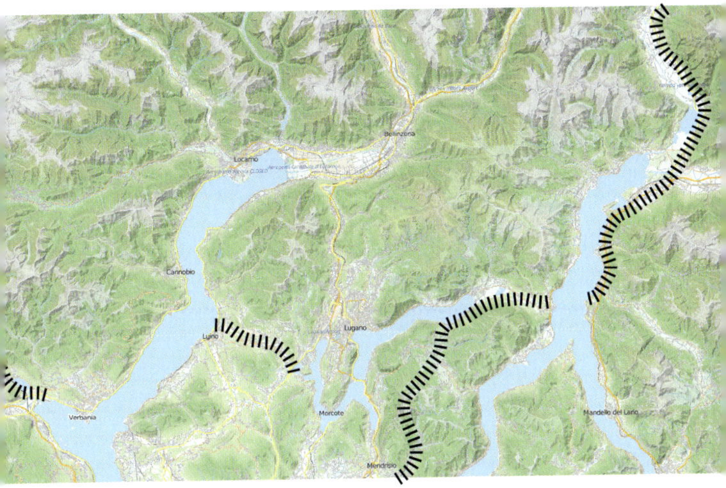

Empfehlenswert ist der Zugang ***über den Wanderweg auf dem Monte Piambello*** (1 129 Meter), der zugleich einen eindrucksvollen Blick über den Luganer See oberhalb Porto Ceresios bietet. Um die militärischen Anlagen zu finden, folgt man dem ***Wegweiser E/1***. Im Innern des Monte Piambello gibt es eine Artilleriestellung mit Kommandoraum sowie Unterkünften für die Soldaten. Man kann die Räume besichtigen. Doch ob in den Schützengräben oder Unterkünften: Beim Betreten ist generell Vorsicht geboten! **Eine Wanderung zur Linea Cadorna startet bei Lanzo d'Intelvi**.

COLLINA D'ORO

Die Gemeinde Collina d'Oro - deutsch: Goldhügel - besteht seit 2004 und setzt sich aus den zuvor selbständigen Dörfern ***Montagnola***, ***Agra***, ***Gentilino*** und seit 2012 auch ***Carabietta*** zusammen. Sie liegt auf der Halbinsel Ceresio, die reich an Ausblicken auf den See ist. Collina d'Oro erreicht man am leichtesten über Melide, Morcote und Carona oder man benutzt die Autobahn (Abfahrt 50). Die Ausschilderung ist schlecht und der Übergang von einem Ort zum anderen bei der dichten Besiedlung manchmal nicht erkennbar - Eiligen sei ein Navi empfohlen.

Berühmt ist vor allem das Dorf Montagnola, in dem der ***Schriftsteller und Dichter Hermann Hesse*** (*1877), „Der Steppenwolf", „Demian", „Unterm Rad", „Siddharta", „Das Glasperlenspiel", Gedichte) ab 1919 bis zu seinem Tod 1962 lebte. 1997, zu Hesses 120. Geburtstag, eröffnete in Montagnola, unterstützt von Hesses Sohn Heiner, das ***Museum Hermann Hesse***. Das Museum befindet sich in der Torre Camuzzi, einem aufwendig restaurierten alten Turm im ehemaligen Garten der Casa Camuzzi, die leider nicht besichtigt werden kann. In der neobarocken Architektenvilla Casa Camuzzi mit ihrem verwilderten Garten bewohnte Hesse von 1919 bis 1931 eine Wohnung. 1931 zog Hesse, inzwischen mit seiner dritten Frau Ninon verheiratet, in die Casa Rossa um, die leider ebenfalls nicht zu besichtigen ist. Das - heute nicht mehr rote - Haus liegt auf einem stark bewachsenen Grundstück oberhalb der Grundschule Montagnolas. Die Mittel zum Kauf dieses Hauses bekam Hesse von seinem Züricher Gönner Hans Conrad Bodmer (1891-1956). Statt Aquarelle zu malen, betätigte sich Hesse von nun an lieber im Garten, was ihn zu „Das Glasperlenspiel" inspiriert haben soll.Broschüren, Führungen und Audioführung

erleichtern den Überblick im Museum. Die umfassende Sammlung enthält, neben vielen der berühmten Tessiner Aquarelle Hesses, Zeichnungen und Illustrationen seiner engsten Künstlerfreunde sowie Kunst- und Alltagsgegenstände aus Hesses Privatbesitz. Für Hesse-Fans ist das Museum eine Pilgerstätte, denn dort befinden sich neben Original-Manuskripten und Erstausgaben sein Schreibtisch mit der viel gebrauchten Schreibmaschine, sein von manchen Fotos bekannter Strohhut, Füller, Tacker, Zigarettenspitze, Farben und Pinsel, Gartenscheren und vieles mehr. Im mit Rosen bepflanzten Gärtchen hinter der Torre Camuzzi krabbelt „Knulp“, Hesses ehemalige Schildkröte, behäbig umher, ein Liebling der Besucherkinder. Gut bestückt ist der Museumsshop mit Hesse-Werksausgaben in deutscher, englischer und italienischer Sprache sowie Materialien zu Künstlern aus Hesses Kreis. Die oberen Stockwerke des Turms sind aufgrund seiner Enge nur über Treppen erschlossen, lediglich das Erdgeschoss ist behindertengeeignet. Zu den Angeboten gehören geführte Spaziergänge auf den Spuren Hermann Hesses durch Montagnola und Umgebung.

Öffnungszeiten: März-Okt. täglich 10-18.30 Uhr, Nov.-Feb. Sa./So. 10-17.30 Uhr, für Gruppen nach Absprache. Fondazione Hermann Hesse Montagnola Ra Cürta. Torre Camuzzi. Casella postale 214. 6926 Montagnola. T +41 (0)91 993 37 70. Die deutschsprachige Ausgabe der Website ist sehr gut: www.hessemontagnola.ch. Wenige Schritte vom Museum entfernt kann man im Literaturcafé einkehren: Caffè Boccadoro Vicolo dei Somazzi. 6926 Montagnola. Geöffnet April-Okt. täglich 9.30 bis 18.30 Uhr, Nov.-März Di., Mi., Fr./Sa./So. 9.30-16.30 Uhr, Mo. geschl.

Mitten in Montagnola beginnt der ***Sentiero Hermann Hesse*** (Hermann-Hesse-Wanderweg), der ohne besondere Schwierigkeit ermöglicht, in rund 1 ½ Stunden wichtige Orte in Montagnola und Gentilino zu erwandern, die mit dem Leben des Schriftstellers zusammenhängen. Große Informationstafeln weisen zwischendurch den Weg. Die Stationen sind die ***Casa Rossa***, ein ***Gedenkstein zu Hesses 100. Geburtstag***, das Hermann-Hesse-Museum mit der ***Casa Camuzzi***, einige Örtlichkeiten, an denen er sich besonders gern aufhielt, sein Lieblings-Grotto (***Grotto di Cavicc***) sowie die Endstation seines Lebens, der Friedhof von Gentilino. Informationen und Karte unter www.luganoturismo.ch. In Montagnola lebten auch der Philosoph Max Horkheimer (1895-1973) und der Soziologe Friedrich Pollock (1894-1970), die sich 1957 in Montagnola niederließen, der Maler und Zeichner Gunter Böhmer (1911-1986) und seine Frau Ursula (1920-1995) sowie der Maler Hans Purrmann (1880-1966). In der Casa Albisetti im Ortsteil Barca hat die „Fondazione Ursula e Gunter Böh-

mer" ihren Sitz: www.gunterboehmer.com. In ***Gentilino*** liegt hinter zwei markanten Zypressenreihen, die in spitzem Winkel zulaufen, die ***Pfarrkirche Sant'Abbondio***. Diese Kirche ist als Wahrzeichen von Collina d'Oro schon von der Autobahn aus sichtbar und liegt über dem Autobahntunnel. Benannt ist sie nach dem Hl. Abundius, Bischof von Como (468). Schon um 1140 stand hier eine Kirche, die zwischen dem 16. und 17. Jahrhundert mehrfach umgebaut und erweitert wurde. Zwischen 1993 und 1998 erfuhr sie die bisher jüngste Generalsanierung. Zu ihrer prächtigen Barockausstattung gehört ein schönes Gemälde, gemalt nach 1726 von Giuseppe Antonio Petrini. Es zeigt eine Rosenkranz-Madonna mit Kind, die von der Hl. Katharina von Siena und dem Hl. Dominicus angebetet wird. Ein nur in Fragmenten erhaltenes Fresko im rechten Seitenschiff, etwa von 1520, zeigt den Hl. Antonius als Abt vor der Madonna mit Kind und stammt vermutlich vom ersten Kirchenumbau. In einem Ausstellungssaal wird unter anderem eine schöne, vielfarbige Madonnenstatue aus Terrakotta gezeigt, die Ende des 15. Jahrhunderts von einem Künstler der lombardischen Schule geschaffen wurde. Die charakteristischen Zypressenreihen vor dem Portal wurden dagegen erst im 20. Jahrhundert gepflanzt. Ein Plan von 1853 zeigt den Entwurf des neuen Kirchenzugangs mit den zwei aufeinander zulaufenden Wegen, jedoch noch völlig ohne Baumbepflanzung.

Auf der Straßenseite gegenüber befindet sich der Friedhof (Cimitera), leicht erkennbar am tempelartigen Tor und zahlreichen Bussen. Hier sind nicht nur Hermann Hesse (1877-1962) und seine dritte und letzte Ehefrau Ninon (1895-1966) begraben, sondern es finden sich auch die Gräber des Schriftstellers Hugo Ball (1886-1927) und seiner Frau, der Kabarettistin Emmy Ball-Hennings (1885-1948), Gunter und Ursula Böhmer, des Dirigenten Bruno Walter (1876-1962), des Ingenieurs Pasquale Lucchini (1798-1892; Erbauer des Ponte Diga) und des Architekten Demetrio Camuzzi , eines Besitzers der Casa Camuzzi (1858-1899). Auch wer sich aus Prominentengräbern nichts macht, wird über die künstlerische Vielfalt und die originellen Einfälle bei der Gestaltung der meisten Grabmale staunen. Vom trauernden Engel bis zum glotzäugigen Pudel ist alles Mögliche als Grabskulptur vertreten. In der Gemeinde Gentilino ist auch die Antica Casa Gamboni einen kleinen Besuch wert. Dieses Gebäude an der Piazzetta del Portico ist eines der ältesten noch erhaltenen Bürgerhäuser der Gemeinde Collina d'Oro. Die Hauptfassade ist durch spitzbogige Loggienfenster im obersten Stock gekennzeichnet und mit feinen, komplizierten Reliefs verziert. An einem Fassadenfenster fand sich die Jahreszahl 1610, doch ist das nicht das Baujahr des Hauses, sondern eher das Jahr eines Umbaus.

Im Norden von Agra steht die Chiesa Parrocchiale di San Tommaso zu Füßen des Monte Croce. Sie wird 1298 erstmals schriftlich erwähnt, der Altarraum zeigt sich in barocker Ausgestaltung. Die Kirche enthält ein bedeutendes Gemälde aus der Schule von Camillo Procaccini um 1600, das die Szene mit dem „Ungläubigen Thomas", der die Wunden Jesu prüft, zeigt. Auf dem zur Kirche gehörigen Friedhof steht die besonders schöne Grabkapelle der Familie Bottani. Talabwärts die Hauptstraße entlang erhebt sich der Palazzo Poncini, der sich durch seine Eleganz und Größe deutlich von der dörflichen Umgebung abhebt. Er wurde 1845 von Alberto Poncini, einem Ratsherrn und Abgeordneten von Agra, errichtet. Nach dessen Tod stand der Bau eine Weile leer. Ab 1910 wurde der Palazzo in eine Tuberkuloseheilstätte für Kinder umgewandelt und dafür mit Holzgalerien umgeben, die der „Liegekur" an der frischen Bergluft dienten.
Am Ende des Hügels von Agra (Via Roncone 22, 6927 Agra) steht das 2012 erbaute Luxushotel „Resort Collina d'Oro" mit weiten Rundbogenfenstern. Es entstand im Baustil des alten Sanatoriums Deutsches Haus, das auf Wander- und Gebietskarten noch verzeichnet ist. Es wurde 1912-1914 vom Züricher Architekten Edwin Wipf (1877-1966) erbaut und diente bis 1969 als renommierte Lungenheilstätte. Zu den prominentesten Patienten gehört der Schriftsteller Erich Kästner (1899-1974) und der Schweizer Bildhauer Paul Burkhard (1888-1964), bei dem allerdings die medizinische Kunst versagte. In den Folgejahren blieb das Sanatorium bemerkenswert gut erhalten. Bis zu seinem Abriss Ende 2009 war das gewaltige leerstehende Jugendstil-Gebäude die meistfotografierte Ruine der Schweiz. Es zog viele Ausflügler und Wanderer an, die nicht nur von der atemberaubenden Aussicht, sondern auch von der morbiden Roman
Carabietta liegt direkt am Seeufer etwa 150 Höhenmeter unterhalb von Montagnola. Zwischen beiden Dörfern führt ein Wanderweg durch Wald. Carabietta verfügt über einen hübschen historischen Ortskern. Von dort aus genießt man Aussicht quer über den See westlich der Halbinsel Ceresio auf die Städte Caslano und Ponte Tresa mit ihrer charakteristischen See-Enge. Informationen über Unterkunft und Restaurants mit Prospekten zum Download: www.luganoturismo.ch.

Ein dichtes und vorbildlich gepflegtes kommunales Wanderwegenetz von rund 30 km Gesamtlänge durchzieht ganz Collina d'Oro. Meist führen die Wanderpfade durch ausgedehnte Waldgebiete und berühren besiedeltes Gebiet kaum. Hier kann man viel Ruhe genießen, abgesehen von gelegentlichen Baumfällarbeiten. VITAPARCOURS Im Ortsteil Bigogno-Posmonte befindet sich ein 3,6 km langer Vita-Parcours, der 120 Höhenmeter überwindet. Er ist sehr gepflegt, die hölzernen Geräte an den Stationen werden regelmäßig gewartet.

Centro Ricreativo (Freizeitzentrum) in Gentilino stehen ein Schwimmbecken, ein Kinder-Planschbecken sowie Fußball-, Tennis- und Bocciaplätze zur Verfügung. Es gibt einen Kinderspielplatz, Tischtennisplatten,

Grillplätze und ein Restaurant. Centro Ricreativo Via ai Canvetti 6. CH-6925 Gentilino. T +41 (0) 91 994 70 30. Öffnungszeiten: Ende März bis Ende Okt., Schwimmbäder: Ende Mai bis Mitte Sept., täglich 10 Uhr bis 20.30 Uhr.

UNTERKÜNFTE

(1) ***Resort Collina d'Oro*** Via Roncone 22. CH-6926 Agra. T +41 (0)91 641 11 11. www.resortcollinadoro.com. (2) ***Pensione Agra Ristorante*** Piazza San Tomaso 1. CH-6926 Agra. T +41 (0)91 994 13 71. www.pensioneagra.ch.

ESSEN UND TRINKEN

(1) ***Ristorante San Gottardo "al Picchio"*** Via Mattorino 27, CH-6926 Agra. T +41 (0)91 993 28 36. www.ristorantesangottardo.ch. (2) ***Bellevue-Bellavista*** Via Collina d'Oro 72, CH-6926 Montagnola, Tel. +41 (0)91 985 89 00, www.bellevue-bellavista.ch. (3) ***Grotto del Cavicc*** Via ai Canvetti 19 a. CH-6926 Montagnola. T +41 (0)91 994 79 95, www.grottocavicc.ch. (4) ***Grotto Circolo Sociale*** Via Canvetti, CH-6926 Montagnola, Tel. +41 (0)91 994 69 19, www.grottocircolosociale.ch. (5) ***Grotto Al Bosco*** Via ai Grotti 4. CH-6925 Gentilino. T +41 (0)91 994 67 76. (6) ***Grotto Flora*** Via Municipio 6. Bigogno. CH-6926 Agra. T +41 (0)91 994 15 67, www.grottoflora-bnb.ch. (7) ***Osteria dei Colombi*** Via Collina d'Oro 63, CH-6926 Montagnola, Tel. +41 (0)91 980 91 56.

MELIDE

Melide ist ein wichtiger Verkehrsknotenpunkt am Luganer See, an der Ostseite der Ceresio-Halbinsel, und bietet exzellente Anbindung an verschiedene öffentliche Verkehrsmittel: Zug, Autobus und Schiff (Ende März bis Ende Oktober) sind für Einwohner wie Besucher gleichermaßen gut erreichbar und praktisch im Alltag. Fahrpläne sind auf der kommunalen Website einsehbar. Neben der Seilbahnstation stehen öffentliche Parkplätze für Motorfahrzeuge und Fahrräder zur Verfügung. Zahlreiche Parkmöglichkeiten gibt es auch im Umkreis der Strada Cantonale. Der ***Luganer See besteht aus zwei großen Becken***. Das nördliche zwischen Porlezza und Melide wird vom südlichen Becken zwischen Capolago und Agno durch den ***Seedamm von Melide*** (ital. Ponte di Melide, Ponte Diga) getrennt, der auf einer natürlichen Moräne über die Wasseroberfläche errichtet wurde. Der 817 m lange Seedamm, der von Melide am westlichen Ufer bis Bissone am östlichen Ufer reicht, wurde 1844 bis 1847 von dem Schweizer Ingenieur und Architekten Pasquale Lucchini (*1798 Gentilino, jetzt Collina d'Oro, +1892 Lugano) erbaut. Der Bau war und ist für den Verkehr von größter Bedeutung, denn die Nationalstraße A 2 (Autostrada A 2, E 35, Chiasso - Basilea), die Kantonalstraße 2 (Strada Cantonale 2, Chiasso - Giebenach) und die Gotthardbahn (Ferrovia di Gottardo, Chiasso - Immensee) überqueren über den Ponte Diga den Luganer See. Er verbindet die Städte Lugano und Chiasso innerschweizerisch und wird täglich von rund 77 000 Fahrzeugen genutzt. Entlang des Seedamms verläuft ein Fußweg zwischen Melide und Bissone, der als gemeinsames Werk beider Orte zwischen Mitte der 1970er und Mitte der 1980er Jahre angelegt wurde. Von der Schiffsanlegebrücke „Swissminiatur" aus erreicht man in einer guten halben Stunde den Lido von Bissone und die dortige Schiffsanlegestelle. Informationstafeln entlang des Fußweges, die anlässlich des 150. Geburtstages des „Ponte Diga" 1994 errichtet wurden, erzählen die Geschichte des Baues. Der Fußweg wurde mit einem regionaltypischen Baustoff gestaltet: Der Belag besteht aus roten Porphyrkieseln vom Monte Piambello. Der rund 2 km lange Promenadenweg am Seeufer von Melide ist gleichermaßen beliebt als Spazier- und Laufstrecke. Schon immer spielte Melide eine verkehrstechnisch wichtige Rolle: 1482 durfte die Gemeinde einen eigenen Brückenmautposten unterhalten. 1555 wurden den Fischern von Bissone, Melide und Morcote Privilegien verliehen: Sie erhielten das Monopol für den Fischverkauf in Lugano. Landwirtschaft und Kunsthandwerk spielten eine bedeutende Rolle, doch die Industrialisierung folgte bald. Im 18. Jahrhundert wurde in Melide Kalk gebrannt, im 19. Jahrhundert siedelten sich die ersten Industriebetriebe für Tabak, alkoholische Getränke, Glocken, Bootsbau, Seife und Tinte an. Das hing mit dem Bau der Kantonalstraße 1818 zusammen. Bereits 1819 gab es regelmäßigen Fährbetrieb. Heute ist der Tourismus die wichtigste Erwerbsquelle, die etwa zwei Drittel aller Beschäftigten unterhält.

CHIESA PARROCCHIALE DEI SANTI QUIRICO E GIULITTA

Die dreischiffige katholische Pfarrkirche, die den Märtyrern St. Quiricus und St. Julitta geweiht ist, wurde im Renaissance- und Barockstil erbaut und enthält Werke von Domenico Fontana. Das Mittelschiff ist mit Tonnengewölbe, die beiden Seitenschiffe mit Kreuzgewölben ausgestattet. An das östliche Seitenschiff grenzen zwei Kapellen mit Kuppeln. Archäologen entdeckten Anfang der 1990er Jahre, dass sich hier bereits im 6./7. Jahrhundert eine Kirche befand, die im 9. Jahrhundert eine Apsis erhielt. Im 11. Jahrhundert wurde ein Campanile errichtet. Nach einem Komplett-Umbau 1525 wurde im Jahr 1834 der Chor neu erbaut. 1909 erhielt die Kirche ihre heutige Gestalt, seit 2006 erklingt eine neue Orgel. Sehenswert ist auch die 1626 erbaute Heilig-Kreuz-Kapelle Oratorio del Santo Crocefisso.

LIDO COMUNALE

In der Via alla Bola neben dem Sportplatz und dem örtlichen Hafen bietet der „Lido comunale" (Eintritt: Erwachsene 6 CHF; Kinder 7-16 J. 3 CHF) mit seinen grünen Liegewiesen direkten Zugang zum See, dazu ein Kinder-Badebecken und ein Beachvolleyballfeld. Das Baden ist von Juni bis September möglich. Die „Bar Lido" mit schöner Terrasse direkt am Seeufer hat ganzjährig geöffnet und ist ein beliebter Treffpunkt der Einheimischen. Öffnungszeiten Bar Lido: 1.Juni bis 30. September: 8-22 Uhr. 1. Oktober bis 31. Mai: 8-20 Uhr, Mo. geschl. Lido Comunale Melide T +41 78 721 09 99. www.barlidomelide.ch.

Swiss Miniatur

Direkt neben Nationalstraße und Bahnlinie liegt der 1959 eröffnete Freizeitpark Swissminiatur. Hier werden unter freiem Himmel die wichtigsten historischen Denkmäler und die schönsten Landschaften der Schweiz maßstabsgetreu im Miniformat gezeigt. „Die Schweiz in einer Stunde!" ist das Motto des von Pierre Vuigner und Georges Wütrich gegründeten Parks. Innen locken ein Restaurant mit orientalischer Küche und viele Zerstreuungen für die ganz Kleinen. Öffnungszeiten: Mitte März bis Ende Oktober 9-18 Uhr. Kinder bis 5 Jahre haben freien Eintritt. Eintritt Erwachsene 19 CHF, Kinder 6-15 J. 12 CHF, Familienkarte 55 CHF (Stand: 2013) Erreichbarkeit: Autobahn A 2, Richtung Süd: Ausfahrt Melide, Richtung Bissone. Richtung Nord (St. Gotthard): Ausfahrt Bissone/Campione d'Italia, Richtung Melide. Mit dem Schiff ab Lugano: ca. 35 min. Im Zug ab Lugano bis Bahnhof Melide ca. 10 Minuten. Via Cantonale. 6815 Melide. T +41 91 640 10 60. www.swissminiatur.ch.

PERCORSO VITA(VITA-PARCOURS) Der 3 km lange Vita-Parcours von Melide, der einen Höhenunterschied von 90 m überwindet und 15 Übungsstationen enthält, beginnt und endet an der Via al Doyro. Er wurde 2009 komplett erneuert. Der Rundweg, der an einigen Punkten schmal und etwas steinig ist, doch wunderschöne Ausblicke auf die Landschaft und den See bietet, schließt den ersten Teil des Wanderweges ein, der von der Via al Doyro aus nach Vico Morcote führt. ***TENNIS*** Im Tennisclub lassen sich nicht nur regelmäßig Turniere bestaunen, sondern auch Trainingsstunden nehmen. Zahlreiche Aktivitäten und die von April bis Oktober geöffnete, dem Club angeschlossene „Bar Tennis" sorgen für Spaß unter Sportfreunden. Tennis Club Melide. Lungolago Mario Gallino. 6815 Melide. T +41 91 649 74 45. www.tennisclubmelide.ch. ***WANDERN*** Zwei schöne Wandertouren starten von Melide aus. Die erste beginnt in der Via al Doyro an der ehemaligen Seilbahnstation und führt in die benachbarte Ortschaft Vico Morcote. Von dort aus gelangt man nach Morcote, nach Alpe Vicania oder nach Carona. Der Beginn des Weges, der reich an prächtigen Ausblicken ist, fällt mit dem Vita-Parcours zusammen. Der zweite, etwas schwierigere Weg beginnt in der Via Carona und führt in die gleichnamige Gemeinde. Ein Abzweig bergab in Richtung Figino ermöglicht es, die Richtung zum Monte San Salvatore einzuschlagen.

ESSEN UND TRINKEN

(1) ***Ristorante - Bar al Boccalino*** Via F. Borromini 27. 6815 Melide. T +41 91 649 77 67. www.alboccalino.ch. (2) ***Ristorante - Lounge Bar del Lago*** Lungolago G. Motta 9. 6815 Melide. T +41 91 649 70 41. (3) ***Ristorante - Pizzeria - Bar Giardino*** Lungolago G. Motta 10. 6815 Melide. T +41 91 649 79 97. www.ristorantegiardino.ch. (4) Ristorante Swissminiatur Via Cantonale. 6815 Melide. T +41 91 640 10 60. www.swissminiatur.ch.

UNTERKÜNFTE

(1) ***Hotel Garni Battello*** Lungolago G. Motta 30. 6815 Melide. T +41 91 649 33 20. www.hotelgarni-battello.ch. (2) ***Hotel Riviera*** Lungolago G. Motta 7. 6815 Melide. T +41 91 640 15 00. www.hotel-riviera.ch. (3) ***Hotel al Boccalino*** Via F. Borromini 27. 6815 Melide. T +41 91 649 77 67. www.alboccalino.ch.

Auszug aus dem **Schiffsfahrplan** ...

ORARIO BATTELLI 07/04 - 20/10/2019 / SCHIFFFAHRPLAN / HORAIRES DES BATEAUX / BOAT TIMETABLE

BOAT TOURS: andata / Hinfahrt / aller / one way

Nr. Corsa	16Ⓕ	7Ⓖ	5Ⓗ	81	19	82	9	83	84	21	85	35Ⓗ	15Ⓘ	86	14Ⓐ	87	88	188Ⓓ
Lugano		**08:00**			**10:15**	**11:15**	**12:00**	**12:15**	**13:15**	**14:00**	**14:15**	**14:25**	**14:30**	**15:15**	**15:55**	**16:15**	**17:15**	**19:1**
Paradiso		**08:07**	**08:00**	**09:45**	**10:22**	**11:22**	**12:07**	**12:22**	**13:22**	**14:07**	**14:22**	**14:32**	**14:37**	**15:22**			**17:22**	**19:22**
Lugano			**08:05**	**10:00**														
Cassarate						11:34					14:34							
Grotto Elvezia				10:12		11:45					14:45							
San Rocco								12:33						15:33			17:33	19:33
Caprino								12:37						15:37			17:37	19:37
Grotto dei Pescatori								12:42						15:42			17:42	19:42
Cantine di Gandria								12:54		14:31		14:49					17:54	19:54
Museo Doganale														15:53				
Gandria			08:20	10:17		11:50		13:00	13:40	14:25	14:50	14:55		16:00		16:30	18:00	20:00
Gandria Confine			08:27									15:02						
Oria			08:33									15:08						
San Mamete												15:16						
Osteno												15:28						
Cima												15:39						
Porlezza			08:55									15:50						
Campione d'Italia					10:35		12:20						14:50					
Bissone	08:27																	
Melide Swissminiatur		08:30			10:45		12:30			14:55			15:00					
Capolago					11:05													
Brusino Paese	08:40												15:12					
Brusino Funivia		08:43			11:32		12:43						15:16		16:29			
Morcote	08:50	08:50			11:38		12:50			15:12			15:25		16:35			
Porto Ceresio	09:00	09:00					13:00						15:35					
Figino	09:17	09:17																
Brusimpiano	09:25	09:25																
Caslano													16:00					
Ponte Tresa	09:40	09:40											16:17					

BOAT TOURS: ritorno / Rückfahrt / retour / return

Nr. Corsa	13Ⓐ	10Ⓕ	10Ⓖ	8Ⓗ	81	20	82	12	83	84	22	85	38Ⓗ	18Ⓘ	86		87	88	188Ⓓ
Ponte Tresa		09:45	09:45											16:20					
Ponte Tresa		09:48	09:48											16:23					
Brusimpiano														16:35					
Caslano		10:05	10:05																
Figino														16:43					
Morcote		10:30	10:30																
Porto Ceresio		10:40	10:40					13:05						17:05					
Morcote	08:05	10:50	10:50			11:40		13:15			15:15			17:15					
Brusino Funivia		10:56	10:56					13:21			15:21			17:21					
Brusino Paese	08:12	11:00	11:00											17:25					
Bissone	08:25																		
Melide Swissminiatur		11:12	11:12			11:57		13:35			15:35			17:37					
Campione d'Italia		11:22	11:22					13:45						17:47					
Porlezza				09:05									16:35						
Cima				09:17									16:46						
Osteno				09:28									16:57						
San Mamete				09:40									17:09						
Oria				09:47									17:17						
Gandria Confine				09:53															
Gandria				10:00	10:20		11:55		13:05	13:45		14:55	17:25		16:05		16:35	18:05	20:0
Grotto Elvezia									13:10						16:10			18:10	20:0
Museo Doganale										13:52		15:02							
Cantine di Gandria					10:26		12:01										16:41		
Grotto Pescatori					10:37		12:12					15:14							
Caprino					10:42		12:17					15:19							
San Rocco					10:46		12:21			14:08		15:23							
Cassarate															16:23			18:23	
Lugano													**17:40**						
Paradiso		**11:35**	**11:35**	**10:20**		**12:20**	**12:35**	**13:58**	**13:25**	**14:20**	**16:00**	**15:35**	**17:47**	**18:00**	**16:35**		**17:00**	**18:35**	**20:2**
Lugano		**11:40**	**11:40**	**10:25**	**11:00**	**12:25**	**12:40**	**14:05**	**13:30**	**14:25**	**16:05**	**15:40**		**18.05**	**16:40**		**17:05**	**18:40**	**20:2**

BISSONE

Bissone liegt 8 km von Lugano und 10 km von Mendrisio entfernt, direkt am Seeufer gegenüber Melide am östlichen Ende des Ponte Diga. Das Dorf hat ein besonders ***malerisches altes Zentrum***, das in das „Inventar schützenswerter Ortskerne der Schweiz" aufgenommen worden ist. Besonders eindrucksvoll ist die Piazza mit regionaltypischen Arkadengängen und uralten Palazzi. Die ***Kirche San Rocco***, erbaut im 17. Jahrhundert, und die mittelalterliche, später im Barockstil umgebaute Kirche San Carpoforo sind einen Besuch wert. In früheren Jahrhunderten war die Fischerei Haupterwerbsquelle dieses alten Dorfes, das schon zu langobardischer Zeit ab dem 8. Jahrhundert besiedelt war. Informationen bietet die Tourismus-Website der Region Mendrisiotto e Basso Ceresio: www.mendrisiottoturismo.ch

Die Region Mendrisiotto bietet speziell für E-Bikes ausgestaltete Radwanderwege, an denen ausgewählte, für Touren mit dem Elektrofahrrad geeignete Hotels liegen. Zu diesen gehört auch das „Hotel Lago di Lugano" in Bissone. Informationen in englischer Sprache zu den Touren und Zielen sowie Buchungsmöglichkeiten bietet die Website „***Territorio del Benessere - Road to Wellness***", an der auch der Tourismusverein Mendrisiotto e Basso Ceresio beteiligt ist: www.roadtowellness.it Autobahn und Eisenbahn schneiden Bissone unglücklicherweise ein wenig von seiner Umgebung ab. Die Verkehrsbelastung von durchschnittlich ***80 000 Fahrzeugen pro Tag*** auf der Autobahn wird zunehmend als störend empfunden, weshalb man derzeit über eine Überdeckung des Seedamms im Gemeindegebiet nachdenkt.

Wie viele Orte rund um den Luganer See war auch Bissone Geburtsort vieler „Künstlermigranten", die nicht nur am See und in der näheren Umgebung, sondern auch in ganz Italien und Europa ihre Spuren hinterließen. Hier wäre vor allem der in Rom zu Berühmtheit gelangte Barock-„Stararchitekt" Francesco Borromini (1599-1667) zu nennen. Ab 1619 arbeitete er an der von seinem Onkel Carlo Maderno geleiteten Bauhütte am Petersdom später auch am Palazzo Barberini in Rom. Andere wichtige Werke sind die Innenräume der Kirchen Sant'Andrea delle Fratte und San Giovanni in Laterano. Unter Papst Innozenz X. legte er einen bemerkenswerten Aufstieg hin, der zehn Jahre andauerte. Unter dessen Nachfolger Alexander VII. verlor Borromini seine herausragende Stellung jedoch ausgerechnet an seinen meistgehassten Konkurrenten Gianlorenzo Bernini und nahm sich, schweren Depressionen verfallen, 1667 das Leben.

Eine interessante Gestalt ist auch ***Pietro Maino Maderno*** (*ca. 1592 in Bissone, +1653 in Moosbrunn bei Wien) zu nennen, der zu der Familie gehört, die die Villa Maderni in Riva San Vitale erbaute. Er machte eine steile Karriere als Hofbildhauer vor allem im Österreich und Ungarn, für die er 1649 von Kaiser Ferdinand III. geadelt wurde. Zu seinen Hauptwerken gehören der Renaissancebrunnen im Amalientrakt der Wiener Hofburg, Nordturm und Kreuzgewölbe des Stiftes Klosterneuburg, die Gnadenkapelle des Kapuzinerklosters Und bei Krems sowie die Wasserspiele im Schloss Lednice im heutigen Tschechien. Für die Sommerresidenz des Palatins Paul Palffy auf dem Pressburger Burgberg, die Giovanni Battista Carlone aus Scaria, einem Ortsteil von Lanzo d'Intelvi, geplant wurde, gestaltete Pietro Maino Maderno 1641 eine aufwendige Wasserspielanlage. Mit dieser wurde der Garten der Palffy-Sommerresidenz zum Gesamtkunstwerk, das im Habsburgerreich nicht seinesgleichen fand. Steine und auch einzelne Steinmetzarbeiten für dieses Projekt kamen aus dem Kaisersteinbruch bei Bruckneudorf, in dem Kaiser Karl V. eine regelrechte Künstlerkolonie gegründet hatte. Bildhauer und Steinmetze vor allem aus Italien gaben sich hier ein Stelldichein. Maderno betrieb dort zur Mitte des 17. Jahrhunderts seine eigene Firma - die „Firma Maderno" - mit mehr als 50 Mitarbeitern, wurde allerdings auch in einen vermeintlichen Mordfall verwickelt. Ein Fleischer war im Steinbruch durch Messerstiche ums Leben gekommen - und auf der Anklagebank saß ausgerechnet Madernos Sohn Pietro. In der Prozessakte aus dem Jahr 1642 heißt es, „der junge Maderno (sei) über ihn gefallen, unter solchem Fall und Liegen er dem Fleischhacker vier tödliche Stiche gegeben". Offenbar ließ sich nie ganz klären, ob es sich um einen Streit mit tödlichem Ende oder um einen Unfall handelte. Auf eindringliche Fürsprache seines erfolgreichen und weithin verehrten Vaters wurde Pietro vom Vorwurf des Mordes freigesprochen. Er durfte jedoch für den Rest seines Lebens den Kaisersteinbruch nicht mehr betreten. Da nützten auch weitere Bittschriften des Vaters nichts - Pietro Maderno musste nach Italien zurückkehren. Ein weiteres bedeutendes „Künstlerkind" von Bissone war der Maler Carpoforo Tencalla (1623 bis 1685). Er malte unter anderem das Altarbild der Kapelle Santa Maria delle Grazie in der Kathedrale von Lugano. Bis 1673 malte Tencalla immer wieder in der Wiener Hofburg, 1676 schuf er die Deckengemälde der Wiener Dominikanerkirche. Zwei Kapellen im Dom zu Passau, für die er Malaufträge erhalten hatte, konnte er selbst nicht mehr gestalten, denn er starb vor Beginn der Arbeiten. Sein Schwiegersohn Carlo Antonio Busso (*1658 in Bissone, +1690 in Vöcklabruck) sprang für ihn ein. Das Haus der Familie des Malers, die Casa Tencalla, liegt am Seeufer in Bissone. Der Hof ist an drei Seiten von mehrstöckigen Arkadengängen umgeben, die vierte Seite ist zum Seeufer hin offen und mündet in einem kleinen Strand, der von einer doppelstöckigen Arkadenreihe aus übersehen wird.

Bissone bietet ein ***wunderschönes, öffentliches Schwimmbad***, den Lido Comunale di Bissone, mit zwei Freibädern und Bar. Die Lage am Seedamm ist außergewöhnlich. Öffnungszeiten: ab Mitte Mai täglich 9.30 bis 19 Uhr (Juli und August 9 bis 20 Uhr), Eintritt: Erw. 10 CHF, Kinder ab 5 Jahre 5 CHF, Ermäßigung ab 17.30 Uhr 4 CHF T 091 649 995. Ein Gästepass, der 30 Prozent Ermäßigung auf die Bäder Lido Comunale di Bissone, Lido Comunale di Maroggia, Lido Comunale di Melano und Lido Comunale Riva San Vitale bietet, wird vom Busunternehmen AutoPostale angeboten: www.autopostale.ch. Weitere Freizeitmöglichkeiten sind Wanderungen auf Panoramapfaden nach Campione d'Italia, Maroggia und Arogno sowie der Fußweg über den Ponte Diga nach Melide.

UNTERKÜNFTE

(1) ***Millefiori-Hotel*** Lago di Lugano Via Campione 65, 6816 Bissone. T +41 (0)91 641 98 00. www.hotellagodilugano.ch. Insgesamt 80 Suiten, Juniorsuiten und Apartments, behindertengeeignet, familiengerecht, Nichtraucherzimmer, Haustiere erlaubt, Restaurant und Gartenrestaurant mit frischer saisonaler Küche, vegetarischer Küche, hausgemachter Pasta und speziell für Allergiker zubereiteten Gerichten; Bar, Swimmingpool, Fitnessraum, Bootssteg, Seeblick, Gratis-W-LAN, Tagungsmöglichkeit; geeignet für E-Bike-Wanderer. (2) ***Camping Paradiso*** Lago Via Pedreta 26. CH-6818 Melano. T +41 (0)79423866. Online-Buchung möglich. www.camping-paradiso.ch. Familienfreundlicher Platz mit Minimarkt, Spielplatz, Tischtennis, Angeln, Bademöglichkeiten, Bootsanleger.

ESSEN UND TRINKEN

(1) ***Osteria Il Pescatore*** Via Veronesi 10, I-6816 Bissone, T +41 91 649 49 20. www.osteriailpescatore.yolasite.com. Mediterrane Küche, Fischgerichte, regionaltypische Fleischgerichte, Sonnenterrasse, zentral und nahe am See gelegen.

CARONA

Seit April 2013 ist das als ***Künstlerdorf*** bekannte, hoch gelegene Carona auf der Ceresio-Halbinsel aufgrund einer Volksabstimmung ein Ortsteil Luganos. Berühmtheit erlangte es hauptsächlich durch den Schriftsteller ***Hermann Hesse*** (1877-1962), der hier am denkwürdigen 24. Juli 1919 seine zweite ***Ehefrau Ruth Wenger*** (1897-1994), die Tochter der Schriftstellerin Lisa Wenger, kennen lernte. Das Paar heiratete 1924, doch hielt die Ehe nur drei Jahre. Hesses Erzählung ‚Klingsors letzter Sommer' spielt teilweise in Carona, das darin „Kareno" heißt. Das Buch handelt von einem Maler, der während eines heißen Sommers trotz der zauberhaften Umgebung am Luganer See, vielen Unternehmungen mit Freunden und einer Liebesaffäre eine Schaffens- und Lebenskrise erleidet.

Weitere bekannte, am Ort lebende Künstler waren ***Kurt Kläber*** alias Kurt Held (1897-1959), Schöpfer des berühmten und mehrfach verfilmten Kinderromans „Die rote Zora und ihre Bande", sowie seine Frau Lisa Tetzner, ebenfalls Autorin (1894-1963; „Die schwarzen Brüder", „Hans Urian", Herausgeberin von Märchen), die in Carona starb. Die deutsche Schauspielerin ***Ruth Niehaus*** (1925-1994), Großtante der Schauspielerin Valerie Niehaus, besaß ab 1959 mitten in Carona ein Feriendomizil. Die Schweizer Moderatorin Michelle Hunziker, (*1977 in Sorengo) wuchs als Tochter eines Kunstmalers teilweise in Carona auf. Schon in alter Zeit erblickten Künstler in Carona das Licht der Welt, wie der Architekt Marco da Carona (1401-1407 Dombauhüttenmeister in Mailand), Pietro Lombardo (ca. 1435-1515), der unter anderem Altäre in Markusdom schuf, und der Renaissancebildhauer Giovanni Antonio Pilacorte (1455-1531).

Ein dichtes Netz von steilen Saumpfaden verbindet Carona mit dem Seeufer. Es waren die einzigen Wege vom Berg hinunter, bis Ende des 19. Jahrhunderts das Verkehrswegenetz allmählich ausgebaut wurde. Das alte Dörfchen ist sehr malerisch. Wer sein Kopfsteinpflaster bewältigen kann, wird den Spaziergang durch alte Gässchen, Torbögen und über Treppen genießen. Überall eröffnen sich Blicke in geheimnisvolle Winkel, kleine Lädchen und in die Innenhöfe von Lokalen, immer wieder zeigt sich plötzlich eine eigenartige Verzierung oder Bemalung an einer Hausecke oder über einem Eingang. Die Pfarrkirche Chiesa di San Giorgio e Sant' Andrea, die ursprünglich eine romanische Kirche des Mittelalters war und 1425 erstmals erwähnt wurde, ist von einer achteckigen Kuppel gekrönt. Vermutlich erhielt sie im 16. und 17. Jh. ihre jetzige Gestalt. Innen findet sich eine Kopie von Michelangelos „Jüngstem Gericht" von Domenico Pezzi. An der mit rosa Pilastern in drei Teile geteilten Fassade findet sich ein gemaltes Abbild des Hl. Georg im Kampf mit dem Drachen. Der Sechs-Kirchen-Rundgang umfasst die Kirchen San Salvatore, Capella della Madonna delle Grazie (in Ciona), San Giorgio, Santa Marta (mit mittelalterlichen Fresken), Madonna d'Ongero sowie das romanische Kloster Santa Marta di Torello. Neben der Kirche San Giorgio befindet sich die Loggia Comunale (städtische Loggia). Sie wurde 1591/92 an diesem Platz erbaut, um zu demonstrieren, wie eng geistliche und weltliche Macht zusammenarbeiteten. Eine Arkade mit fünf Bögen ist dem Erdgeschoss vorgebaut. Im Obergeschoss ist die Fassade mit gemalter Scheinarchitektur verziert: ionische Säulen, giebelgekrönte Fenster, ein blindes Fenster mit dem Bildnis der Justitia und vielerlei weiteres Zierwerk. Die Wappen von zwölf Schweizer Kantonen schmücken, in einfacher Manier ausgeführt, das Gebäude. Die Malerei - statt echter architektonischer Ausschmückung in Stein oder Stuck - zeugt von der Armut der Gemeinde im 16. Jh., wurde jedoch beeindruckend würdevoll und mit Liebe ausgeführt. Im Juli findet regelmäßig ein großes Volksfest auf dem Kirchplatz statt. Seit 1983 befindet sich ein astronomisches Observatorium (osservatorio) im Besitz der Gemeinde, das eine Gönnerin, Lisa Senn, 1960 der Società Astronomica von St. Gallen gestiftet hatte. Es bietet Beobachtungsabende des Sternenhimmels für Gäste. Von April bis November kann man sich jeden ersten Freitag eines Monats ab 21 Uhr zum Sternegucken einfinden. Bei bedecktem Himmel gibt es stattdessen einen Vortrag. Besondere Himmelsereignisse wie Sonnen- und Mondfinsternisse werden mit eigenen Events bedacht.

In der Umgebung Caronas befindet sich der 6 ha große Parco San Grato (690 m), ein an Aussichtspunkten reicher botanischer Garten mit sehenswerten Azaleen, Nadelbäumen und Rhododendren. Viele Areale des Parks sind als riesige Wiesen naturbelassen. Ein botanischer Lehrpfad gibt Auskunft über das Leben der Pflanzen des Parks. Insgesamt werden fünf verschiedene Wanderungen durch den Park geboten, darunter ein Kunstpfad (Sentiero artistico) mit modernen Skulpturen. Namensgeberin des Parks ist die kleine Kapelle San Grato auf dem Gelände. St. Gratus ist Schutzheiliger der Landwirtschaft vor Dürre, Unwetter und Blitzeinschlägen. Öffnungszeiten: ganzjährig - ideal Ende April/Anfang Mai zur Rhododendronblüte. Eintritt frei. Führungen buchbar über: Lugano Turismo-Tesserete, T +41 (0)91 943 18 88. Parco San Grato. San Grato. 6914 Carona. Das öffentliche Schwimmbad Caronas ist von Anfang Mai bis Anfang September in Betrieb. Es hat Mo.-Fr. 10-19.30 Uhr geöffnet, samstags, sonntags und feiertags 9-20 Uhr. Es bietet Möglichkeiten, Tischtennis und Minigolf zu spielen, und verfügt über ein olympisches Schwimmbecken (50 m), einen Sprungturm, Terrassen und Liegewiesen. Via Santa Marta / Via Madonna d'Ongero. CH-6914 Carona. T +41 (0)91 649 93 25.

UNTERKÜNFE

(1) ***Romantik & Swiss Historic Hotel*** Villa Carona 18 individuell eingerichtete Zi. in einem ruhigen, 200-jährigen Patrizierhaus am Dorfrand, Restaurant „La Sosta" mit frischer regionaler Küche im mediterranen Stil, Garten, W-LAN. Piazza Noseed, CH-6914 Carona. T +41 91 649 70 55. www.villacarona.ch. (2) ***Gästehaus Casa Calina*** 6 Doppelzimmer, 2 Apartments, ab 50 CHF (Einzelperson im DZ), Nichtraucher, familienfreundlich, Terrasse, WLAN, gruppengeeignet, großer Garten, Haustiere gegen Aufpreis. Das renovierte Gästehaus diente ursprünglich zur Unterbringung der Hobbyastronomen, die die Sternwarte von Carona besuchten. Via Nav, CH-6914 Carona. T +41 (0)91 649 83 47. www.calina.ch. (3) ***Casa del 1577*** (quindici settanta sette) Bed & Breakfast mit Kultstatus bei Individualtouristen. Zimmer mit Loggia, ab 90 CHF/Übernachtung inkl. Frühstücksbuffet, W-LAN, Garten, Aufenthaltsraum mit Kamin, geöffnet Mitte März bis Ende Oktober. Via Ghett 3, 6914 Carona. T +41 (0)91 649 58 27. www.casadel1577.ch

ESSEN UND TRINKEN

(1) ***Ristorante Posta*** Im Dorfkern von Carona wird hier regionaltypische Tessiner Küche geboten. Garten. Mo. geschl., Di. Mittag geschl. Via cantonale, CH-6914 Carona. T +41 (0)91 649 7266. www.ristorante-posta.ch. (2) ***Grotto del Pan Perdü*** Lokaltypisches uriges „Grotto" am Rand von Carona. Hier kann man unter dichten Bäumen auf der Terrasse speisen. Spezialitäten: Grillgerichte, Polenta- und Risottogerichte. Via San Marta, Carona 6914. T +41 91 6499192.

VALSOLDA

Die rund 10 km von Lugano entfernte Gemeinde liegt am nördlichen Ufer des östlichen, langen Arms des Luganer Sees und ist sowohl von Lugano als auch von Porlezza aus über die Strada Statale 340 zu erreichen. Sie hat kein eigentliches Zentrum, sondern besteht aus einer Anzahl von „frazione" (Ortsteilen): ***Cressogno***, ***San Mamete***, ***Albogasio*** und ***Oria*** liegen direkt am Ufer des Ceresio, Santa Margherita ebenfalls am Seeufer, jedoch gegenüber an der südlichen Seite des Seearms. An den Berghängen oberhalb des Nordufers liegen Loggio, Drano, Púria, Dasio und in exponierter Lage das wunderschöne, mittelalterlich geprägte Castello. Von der Schweizer Grenze in Gandria bis zum Teilort Cressogno Valsolda führt ein neu erbauter Tunnel durch das Valsoldatal (Länge 7 km, Statale Regina 340). Nach über 25 Jahren Bauzeit und immer wieder erfolgten Verschiebungen wurde der Tunnel im Oktober 2012 eröffnet.

SANTUARIO *DELLA* ***MADONNA*** *DELLA* ***CARAVINA***

Die Kirche wurde während des 17. und 18. Jh. erbaut. Der erste Architekt war Carlo Buzzi zwischen 1639 und 1643. Später änderte die Kirche jedoch durch eine klassizistische Fassade von Carlo Barrera aus Valsolda, die 1866 vollendet wurde, ihr ursprünglich barockes Gesicht. Über dem Hochaltar ist das Marienbild erhalten, das der Kirche ihre Bekanntheit verlieh: Am Platz, wo heute die Kirche steht, ereignete sich einst ein Wunder. Am 11. Mai 1562, so ist überliefert, habe das Marienbild echte Tränen geweint und damit zahlreiche Kranke auf wundersame Weise geheilt. Eine Tafel an der Außenwand weist auf die „Miraculorum Matri Vallissolida" hin. Noch heute wandeln Gläubige auf diesem Pilgerpfad, der Teil der „Via Regina“ ist, und ehren die Madonna mit einem Fest. Das Presbyterium und zwei Seitenkapellen wurden von Isidoro Bianchi aus Campione d'Italia zwischen 1648 und 1656 mit Fresken ausgeschmückt. Die Seitenkapellen sind der Hl. Jungfrau von Karmel und St. Dominikus gewidmet. Die hölzerne Orgel wurde 1675-1677 errichtet und befindet sich noch im Originalzustand. Die Kirche ist nachts in goldgelbem Licht angestrahlt und leuchtet von ***Cressegno*** aus weithin als Wahrzeichen über den See und bis nach Porlezza.

PARROCCHIALE *DI* SANTA MARIA ASSUNTA

Die Pfarrkirche von **Puria** ist romanischen Ursprungs und wurde während des 16. und 17. Jh. komplett umgebaut. Maßgebend für den Umbau war der 1527 in Puria geborene Architekt Pellegrino Tibaldi, der die neue Gestalt der Kirche einem seiner bekannteren Bauten, der Kirche San Fedele in Mailand, nachempfand. „Il Pellegrino“ stand als Architekt und Maler im Dienst des Mailänder Erzbischofs Carlo Borromeo, dem damaligen Grundherrn von Valsolda. Im Inneren von Santa Maria Assunta befinden sich schöne Gemälde, die den Künstlerdynastien Procaccini und Pozzi zugeschrieben werden.

PARROCCHIALE *DI* SAN BARTOLOMEO

Der Grundstein der Pfarrkirche von ***Loggio*** wurde schon 1362 gelegt. In der Folge wurde sie mehrfach renoviert, zuletzt 1736. Zu dieser Zeit entstanden eine neue Sakristei sowie der Glockenturm, der mit einer Goldkugel aus Turin verziert wurde. Von der Kirche aus erreicht man in 15 Gehminuten, dem Wegweiser „cascata“ folgend, einen Wasserfall.

PARROCHIALE *DEI* SANTI MAMETE E *D'*AGAPITO

Von der Piazza von **San Mamete** am Seeufer führt eine Treppe an der ehemaligen Prätorianergarde vorbei, die mit dem Wappen des Erzbistums Mailand geschmückt ist, zur Pfarrkirche. Diese entstand bereits im 12. Jahrhundert, wie der romanische Glockenturm anzeigt. Ihre Schutzpatrone sind zwei Märtyrer: Der Heilige Mamas (ca. 275, Feiertag 17. Aug. - häufig wird er auf einem Löwen reitend dargestellt) ist Schutzpatron der Hirten und kurioserweise auch der Steuerberater. Er ist Namensgeber des Dörfchens San Mamete. Der Heilige Agapitus (ca. 274, Feiertag 18. Aug. - oft als Jüngling mit Palme, Krone und Löwe dargestellt) gilt als Beschützer der kranken Kinder, aller von Bauchschmerzen Geplagten sowie der schwangeren Frauen. Zwischen dem 17. und 19. Jahrhundert erfuhr die Kirche größere Umgestaltungen. Die Wände des Presbyteriums sind mit Gemälden des einheimischen Künstlers Salvatore Pozzo aus dem 17. Jahrhundert reich geschmückt. Entlang der Wände des Kirchenschiffes ziehen sich acht Gemälde und vier Statuen von männlichen und weiblichen Heiligen.

PARROCCHIALE *DI* SAN MARTINO

Die wunderschön den See überblickende Pfarrkirche, deren Hof nur durch eine niedrige Mauer vom Steilufer getrennt ist, ist die ehemalige Kapelle des geschlossenen **Castello**, das dem hoch gelegenen Dorf seinen Namen gab. In ihrer heutigen Gestalt zeigt sich die Kirche seit 1602. Sie besteht aus einem Hauptschiff mit Seitenkapellen. Das Gewölbe in ihrem Inneren wurde ab 1697 von Paolo Pagani herrlich bemalt. Dargestellt sind unter anderem Mariä Himmelfahrt sowie Szenen der Martyrien der Heiligen Apollonia, Katharina und Luzia.

PARROCCHIALE *DELL'*ANUNCIAZIONE

Die Verkündigungskirche wurde ab 1628 errichtet und im Barockstil ausgeschmückt. Sie steht exponiert auf einem Felssporn und überragt die Seeuferstraße, die allerdings erst in den 1930er Jahren entstand. Zuvor musste man, um von Oria aus Albogasio Inferiore zu erreichen, zuerst nach **San Mamete** wandern und von dort aus die Rückseite des Kirchenhügels ersteigen. Eine Treppe mit 120 Stufen, „La Calcinera" genannt, führt hinauf. An der südlichen Außenwand der Kirche, die auf den See blickt, sind die Wappen von sieben Mailänder Erzbischöfen angebracht, die Valsolda während ihrer Amtszeit besuchten. Valsolda war bischöfliches Lehnsgebiet ab dem 12. Jahrhundert bis 1783, als es dem Königreich Lombardo-Venetien unter österreichischer Herrschaft zugeschlagen wurde.

CHIESA *DI* SANT'AMBROGIO

Sant' Ambrogio ist die älteste Kirche auf dem Gemeindegebiet Valsolda. Ihr Eingang befand sich ursprünglich beim Friedhof auf der Westseite. Er wurde im 17. Jahrhundert auf die gegenüberliegende Seite verlegt, um Prozessionen den Ein- und Auszug in die Kirche zu erleichtern. Schutzpatron ist der Hl. Ambrosius, Erzbischof von Mailand im 4. Jahrhundert. Die Wälder oberhalb von **Albogasio** befanden sich im Mittelalter im Besitz des sehr mächtigen Mailänder St.-Ambrosius-Klosters. Die prachtvollen Fresken in der Kirche sind das Werk des Malers Stefano Vignola, genannt Pozzi, aus Púria. Von Sant'Ambrogio aus führt ein Wanderweg zur Alpe Bolgia. An diesem liegt auf 1 100 m Höhe das Kapellchen Madonnina del Faggio (Kleine Madonna der Buche). Nach einer alten Legende wurde hier im hohlen Stamm einer uralten Buche eine kleine Steinstatue der Jungfrau Maria gefunden. In Valsolda spielen Romane des italienischen Schriftstellers Antonio Fogazzaro (* 25.03.1842 Vicenza, +07.03.1911). Fogazzaro stammte aus einem wohlhabenden Elternhaus in Oria und promovierte 1864 in Turin in Rechtswissenschaft. In Mailand bekam er Kontakt zur lombardischen Schriftsteller- und Künstlergruppe La Scapigliatura, die der Pariser Bohème nacheiferte. Ihre Inspirationsquellen waren Autoren wie Gustave Flaubert, Charles Baudelaire, Heinrich Heine und E.T.A. Hoffmann. Unter anderem befürworteten die Mitglieder der Scapigliatura die Freigabe von Drogen und die freie Liebe und wehrten sich gegen autoritäre Einmischungen der Politik und Kirche in das Leben der

Menschen. So leben auch Fogazzaros Helden im Konflikt zwischen Glaube und Vernunft, Pflicht und Leidenschaft, realer Welt und Traumwelt. Die Romane „Il Santo", erschienen 1905, und „Leila" (erschienen 1910) wurden von der katholischen Kirche auf den Index verbotener Bücher gesetzt. „Malombra", 1881 erschienen und 1942 verfilmt, spielt unter anderem in Claino con Osteno, von „Piccolo mondo antico", erschienen 1895, ist Valsolda der Schauplatz. Die deutsche Übersetzung „Kleine alte Welt" ist antiquarisch zu erhältlich.

LITERARISCHER UND KÜNSTLERISCHER SPAZIERGANG

Die Wanderung beginnt in Oria, an der Villa, in der Fogazzaro lange Zeit lebte. Sie blieb seit Fogazzaros Zeit fast unverändert. An der benachbarten kleinen Kirche San Sebastiano am Seeufer befindet sich eine Gedenktafel, die an den Schriftsteller erinnert. Dort beginnt ein Sträßchen, das sich zwischen Mauern und Tordurchgängen hindurch verzweigt und Einblicke in die beschauliche „kleine alte Welt" eröffnet, die Fogazzaro in seinem gleichnamigen Roman beschreibt. Man wandert bergauf. An Albogasio Superiore mit seinen Palazzi aus dem 17. Jahrhundert schließt sich Castello an, das komplett auf einem Felsvorsprung errichtet ist. Im Mittelalter war es tatsächlich ein Kastell, zwischen dessen starken Mauern alle Einwohner der Gegend Schutz fanden. Dort steht die Kirche San Martino, die 1697 von dem in Castello geborenen Maler Paolo Pagani komplett mit herrlichen Fresken ausgestattet wurde. Sein Geburts- und Wohnhaus ist heute ein Museum. Das verwinkelte Dörfchen San Mamete verfügt am Seeufer über eine kleine, aber prächtige, von alten Häusern und Säulengängen gerahmte Piazza. In Loggio und Dasio (580 m) sind zahlreiche Häuser mit Wappen oder mit Fresken verziert, die aus dem Leben von Heiligen erzählen. Puria ist der Geburtsort des Architekten Tibald „Il Pellegrini", der auch Maler in den Diensten des Mailänder Erzbischofs Carlo Borromeo war. In Cressogno erhebt sich seit 1663 die bezaubernde Wallfahrtskirche Santuario della Caravina.

VILLA FOGAZZARO ROI

Die Villa Fogazzaro lässt sich auch in einem hübschen Spaziergang entlang eines gepflasterten Weges am Seeufer von Albogasio nach Oria erwandern. Die Villa mit wunderschönem, terrassiertem Garten befindet sich im Besitz der 1975 gegründeten Stiftung Fondo Ambiente Italiano (FAI). Deren Ziel ist es, in ganz Italien bedeutende Örtlichkeiten der Kunst, Kultur und Natur, die nicht in jedem Reiseführer zu finden sind, zu erhalten und der Öffentlichkeit zugänglich zu machen. In der sehr ruhig gelegenen Villa, die sich im Luganer See spiegelt, verbrachte Antonio Fogazzaro einen großen Teil seines Lebens. Vor allem im Sommer wohnte er - leicht nachvollziehbar - sehr gerne hier. In den bezaubernden, noch original im Biedermeierstil eingerichteten, Räumen dieses Hauses, mit Blick auf den See, Valsolda und seine Berge, lässt der Schriftsteller seinen Roman „Piccolo mondo antico" spielen. Im 19. Jahrhundert gehörte die Villa der Familie Barrera, aus der Fogazzaros Mutter, Teresa Barrera, stammte. T +39 (0)2467615325. faifogazzaro@fondoambiente.it. www.fondoambiente.it. Öffnungszeiten: April bis Okt., Sa 10-18 Uhr (letzter Einlass 17 Uhr). Für Gruppen auch wochentags 10-18 Uhr (ab 25 Pers.), Eintritt 10 €, Anmeldung erbeten. Nahe der Villa, gleichfalls am Seeufer, steht zwischen Zypressen die steinalte Kirche San Sebastiano, an deren Hochaltar das Martyrium des Hl. Sebastian dargestellt ist. Geschaffen hat ihn Carlo Barrera, ein Cousin Fogazzaros, der auch die neue Fassade des Santuario della Caravina errichtete. Barrera war Geschichtsforscher, Maler, Architekt und Dichter und veröffentlichte 1864 ein Buch über die Geschichte Valsoldas. Sein mit dem von ihm verfassten Gedicht „An die Mutter" geschmücktes Grab befindet sich in der Kirche. Rechts ist ein großes Gemälde aus dem Jahr 1944 zu sehen, das mahnend an den Zweiten Weltkrieg erinnert.

MUSEO CASA PAGANI

Das Museum Casa Pagani ist das Herzstück des ‚Sistema Museale Territoriale Alpi Lepontine' (Regionaler Museumsverbund der lepontinischen Alpen) und dokumentiert die künstlerischen Traditionen in der Provinz Como. Ganz besonders widmet es sich lokalen Künstlern, die zu den größten Repräsentanten der Kunstszene der Lombardei vom 16. bis 18. Jahrhundert gehören. Darunter sind Maler, Bildhauer und Architekten, die, lukrativen Aufträgen folgend, teilweise in ganz Europa ihre Spuren hinterlassen haben. Immer wieder kehrten sie in ihre Heimatgemeinden zurück, um dort Kirchen, Palazzi und Villen zu schmücken. Das Museum steht in einer sehr engen, tief verschatteten Gasse und ist ausschließlich zu Fuß über Kopfsteinpflaster zu erreichen. Beinahe berührt sein Dach das des Hauses gegenüber. Die reich verzierte Barockfassade harrt noch einer Renovierung. Öffnungszeiten: 1. Juni - 30. Sept.: Mo. 20-24 Uhr, Sa. 16-20 Uhr, So. 9.30-13.30 Uhr. 1. Okt. - 31. Mai: Mo. 14-17 Uhr, Sa./So. 14-17.30 Uhr. Achtung: Die Zeiten können abweichen. Öffnung auch nach Vereinbarung. Via Jamucci 10. Castello di Valsolda T +39 (0)344 85218 o. 0344.68181. Informationen: Ufficio del Sistema Museale T +39 (0)344 85218 29.

PAOLO PAGANI

Paolo Pagani kam am 22. September 1655 in Castello zur Welt. Als Teenager mit etwa 12 Jahren, zog er nach Venedig, damals ein Hauptziel für junge Künstler aus der lombardischen Seeregion. Dort absolvierte er eine harte Schule, unter anderem bei dem Maler und Kupferstecher Giuseppe Diamantini. Doch bekam er gute Kontakte zum venezianischen Adel und Aufträge, Villen in Vicenza, Venedig und Verona zu schmücken. 1686 heiratete er in Venedig Antonia Parrecchiati. Das Paar bekam drei Söhne, von denen nur einer überlebte: Angelo Antonio, geboren 1694. Um 1690 begab sich Pagani mit seinem Schüler Giovanni Antonio Pellegrini auf Reisen, um in Mähren, Polen und Österreich Auftraggeber zu finden. Der Fürstbischof von Olmütz, Karel Liechtenstein-Castelcorn, beauftragte ihn zusammen mit dem Stuckateur Baltazar Fontana aus Chiasso, seine Sommerresidenz zu dekorieren. Ab 1694 verzierte Pagani das Kloster Velehrad mit bedeutenden Fresken. In Krakau gestaltete er eine Fontäne und dekorierte die Kapelle St. Sebastian in der St.-Anna-Kirche. Danach zog er nach Warschau weiter. Als Maler feierte er auch Erfolge in Deutschland und schrieb sich schließlich in die Akademie von Madrid ein. 1697 kehrte er für längere Zeit in seine Heimat Valsolda zurück, bemalte das Gewölbe der Kirche San Martino und gestaltete das Martyrium des San Vitale für die Kirche von Chiasso. Später zog Pagani nach Mailand um. Am 5. Mai 1716 starb er dort an den Folgen einer Kolik und wurde in der Kirche Santa Maria del Giardino im Grabmal für die Gläubigen des Hl. Antonius von Padua bestattet. Die Pfarrkirche Uggiate Trevano besitzt heute noch Leinwände von Pagani.

MASTERPLAN DER AFFAITATI: ALBOGASIO WIRD MINI-WARSCHAU

Nicht alle Künstler sind so bekannt geworden wie Paolo Pagani - mit Ausnahme des Architekten Pellegrino Pellegrini, genannt Tibaldi, der bedeutende Bauten für den Erzbischof San Carlo Borromeo errichtete. Doch haben sie alle ihren Platz in der regionalen Kunstgeschichte: Pozzo, Costa, Vietti, Pedrazzini, Picozzi, Muttoni, Affaitati, Bellotti, Cocchi, Merlini, Paracca, Ceroni, Piola, Puttini. Viele von ihnen waren, wie auch Pagani, in Polen tätig. Das hatte u.a. mit der Familie Affaitati zu tun. Die Affaitati zogen, wahrscheinlich um die Mitte des 16. Jahrhunderts, von Cremona aus nach Valsolda und unternahmen zahlreiche Europareisen. Initiator war Carlo Ambrogio Affaitati, geboren 1625 in Albogasio. Ab 1650 hielt er sich in Polen als Priester und Beichtvater der Königin Marie-Louise Gonzaga von Nevers auf, nacheinander die Ehefrau der Könige Ladislaus IV. und Johann Casimir von Vasa. Unter dem Schutz des Königshauses stieg Affaitati zum Prälaten und Kanonikus der Kathedrale Frauenburg auf. Nach dem Tod der Königin und der Abdankung Johann Casimirs kehrte Affaitato 1669 sehr reich nach Albogasio zurück. Sein Vermögen legte er bevorzugt in Immobilien an. Nach seinem Tod 1692 wurde er mitten im Kirchenschiff des Heiligtums der Madonna della Caravina bestattet. Sein Bruder Isidoro war das nächste Familienmitglied, das in Polen sein Glück machte. Er brachte es zum königlichen Architekten in Warschau, errichtete dort die Villa Regia und versuchte diese im verkleinerten Maßstab in Albogasio nachzubauen: Der Palazzo Affaitati, auch „Villa Salve" genannt, ist nur noch zum Teil erhalten. Proportionen und Details seines Vorbildes in Warschau sind übernommen, was im Museo Casa Pagani auf einer Leinwand zu sehen ist, auf der der Architekt sein Projekt einer Oper für Albogasio dargestellt hat. Auch die Kirche dell'Annunciazione in Albogasio Inferiore ist ein Abbild der Kirchen St. Anna und St. Antonius der Reformierten in Warschau. Zusammen mit dem bedeutenden Kollegen Giovan Battista Gisleni schuf Isidoro Affaitati auch den Altar der Schwarzen Madonna von Tschenstochau.

SANTA MARGHERITA

Diese kleine „Exklave" von Valsolda liegt am jenseitigen Seeufer, gegenüber Oria, am Fuß des Monte Bisnago. Santa Margherita ist nur per Schiff erreichbar und besteht aus einigen Häuschen und Villen sowie der gleichnamigen Kirche. Neben dieser steht noch die Talstation des Funicolare Lanzo d'Intelvi-Santa Margherita, erstmals eröffnet 1907 und 1977 geschlossen. Sollte die Standseilbahn in den kommenden Jahren wie geplant wiederbelebt werden, könnte dies beachtliche touristische Folgen für das bislang verschlafene Dörfchen haben. Zwei alte Zollgebäude stehen dort, von denen eines als Privathaus genutzt wird, während das andere ein gemeindeeigenes Bootshaus ist. Das Kirchlein Santa Margherita geht auf das 11./12. Jahrhundert zurück. Den Innenraum ziert ein wunderbares Fresko aus dem Jahre 1426, das die Madonna, die das Jesuskind stillt, neben der Hl. Margareta (enthauptet ca. 307 unter Kaiser Diokletian) mit dem besiegten Drachen und einem Teufel zeigt. Die Hl. Margareta gehört in vielen südlichen Gegenden, auch in Süddeutschland, zu den „14 Nothelfern". Zusammen mit St. Katharina und St. Barbara ist sie Schutzpatronin der Bauern, Soldaten und Lehrer. Die Kirche wurde 1582 vom Mailänder Erzbischof San Carlo Borromeo (St. Karl Borromäus) besucht, 1606 noch einmal von Kardinal Federigo Borromeo. Bereits um 1560 war es üblich, dass Pfarrer aus Porlezza per Boot übersetzten, um in Santa Margherita Gottesdienste abzuhalten. Der Schriftsteller Antonio Fogazzaro ließ den schmalen Glockenturm aus Liebe zu diesem verwunschenen Heiligtum auf eigene Kosten restaurieren. Im Jahr 1630 wütete in der Seeregion eine Pest-Epidemie. Allein im Valle d'Intelvi verzeichnete man 448 Tote in nur drei Monaten. Die Verstorbenen wurden in Santa Margherita ausgesegnet und in einiger Entfernung vom Dorf beerdigt - an einem Platz zwischen Osteno und Santa Margherita, der noch heute Pradel di moort (Totenwiese) heißt.

SPORT IN VALSOLDA

In San Mamete stehen in den Giardini pubblici Parkanlagen ein öffentlicher Swimmingpool und ein Spielplatz zur Verfügung. Der ***Nautic Shop Valsolda*** verkauft und vermietet seit 1984 Ruder-, Segel- und Motorboote, Kanus, Kajaks und andere Wassersportgeräte, Wasserski, Surf- und Tauchausrüstung sowie Liegeplätze: Via Statale 18, Cressogno, T + 39 344 68386, www.nauticashop.net. Reichlich Wanderwege bietet das 318 ha große Naturschutzgebiet Foresta Valsolda, das ein typisches Voralpen-Kalkfelsengebiet umfasst. Die Meereshöhen reichen von 700 m (im Valle Soldo) bis auf 1 810 m (Cima Fiorina). Geeignete Startpunkte für

Wanderungen finden sich unter anderem in Drano und Dasio. Durch Valsolda führt eine 12 km lange Mountainbike-Strecke, die im Teilort Loggio beginnt. Sie führt über Puria bis auf etwa 750 m Höhe. Der Abstieg erfolgt über Castello. Informationen: www.prolocovalsolda.info.

SCHIFFSVERKEHR

Valsolda ist von März bis Oktober gut per Schiff zu erreichen. Die Schifffahrtslinie **Lugano - Gandria - Porlezza - Lugano** legt beispielsweise um 14.20 Uhr (Stand 2013) in Lugano ab, erreicht Gandria um 14.57 Uhr, Oria um 15.13 Uhr, San Mamete um 15.20 Uhr, Osteno um 15.28 Uhr und schließlich Porlezza um 15.45 Uhr. Das Schiff ist behindertengerecht und ermöglicht die Mitnahme von Fahrrädern. Die Rückfahrt erfolgt ab 16.35 Uhr über Osteno (16.50 Uhr), San Mamete (16.58 Uhr), Oria (17.08 Uhr), Gandria (17.20 Uhr) nach Lugano (17.35 Uhr). Auch eine Rückfahrt per Autobus (ASF Como) ist möglich. Informationen und Fahrpläne sämtlicher Schifffahrtslinien: Società Navigazione del Lago di Lugano. Viale Castagnola 12. CH-6906 Lugano. T +41 (0)91 971 52 23, www.lakelugano.ch.

UNTERKÜNFTE

(1) **Camping San Rocco** Via Leonardo da Vinci, loc. San Rocco, Valsolda. T +39 (0)344 68500. 54 Stellplätze, ab 6 €/Person, behinderten- und gruppengeeignet, Restaurant, Bar, Minimarkt, Parkplatz, ganzjährig geöffnet. (2) **Hotel Stella d'Italia** Piazza Roma 1, loc. San Mamete. T +39 (0)344 68139. www.stelladitalia.com. 34 Zi., 68 Betten, ab 95 € mit Frühstück, Restaurant, Bar, Haustiere erlaubt, W-LAN, Internet, Parkplatz, Garage, Garten, Strand. (3) **B&B La Corte** Via Galbiati 9 A. Valsolda. T (0)339 2506360. (4) **Zimmervermietung Mimosa** Via Statale 101. Valsolda. T/F 0344 68130. www.damimosa.it. 5 Zi., 14 Betten, ab 40 €. Hübsche, zwischen San Mamete und Albogasio direkt am Seeufer gelegene, modernisierte Pension mit Außenterrasse über dem Wasser. (5) **Caffè del Viaggiatore** Via Statale 34, San Mamete Valsolda. T +39 0344 68945 oder +39 339 8562458. www.caffedelviaggiatore.com. Das einladende Café in einem roten Haus an der Seeuferstraße mitten in San Mamete bietet drei modernisierte Apartments (zwei mit je 2 Zi., 4 Betten, eines mit 4 Zi., 6 Betten) - und ein Doppelzimmer mit Bad. Sie sind behindertengeeignet, über einen Aufzug erschlossen und mit Kochgelegenheit ausgestattet. Man kann die Räumlichkeiten pro Nacht, pro Woche oder pro Monat buchen. Im Erdgeschoss steht ein Internetzugang zur Verfügung. Ein Garten mit Seezugang und Bootsanleger sowie ein Parkplatz gehören dazu. Preise: DZ ab 60 €, Apartment ab 100 €. Kleine Haustiere sind gegen Aufpreis erlaubt. Ganzjährig geöffnet. Ferienhäuser Zahlreiche Anbieter sind online auf der Website www.prolocovalsolda.info vertreten.

ESSEN UND TRINKEN

(1) Del Pellegrino da Renato Via Santuario 43, Valsolda (am Santuario della Caravina). T +39 (0)344 69022. 150 Plätze, davon 50 außen auf ei-

ner überdachten Terrasse, Parkplatz, Mo. geschl. Dieses sehr freundliche Ristorante bietet solide italienische Hausmannskost, Pizzen und Pasta zu verhältnismäßig günstigen Preisen. Der Ausblick von der Terrasse über den See und die Kirche ist atemberaubend. (2) ***Perla d'Oriente Albogasio Superiore*** T +39 (0)344 68316. 80 Plätze (nur innen), Mo. geschl. Hier kann man zur Abwechslung chinesisch essen, was am Luganersee nicht überall möglich ist. (3) ***Stella d'Italia*** Piazza Roma 1. San Mamete. T +39 (0)344 68139. www.stelladitalia.com. 160 Plätze, davon 100 außen, Parkplatz, wechselnde Schließtage. Zentral gelegenes großes Ristorante mit mediterraner Küche.

Auszug aus dem Busfahrplan ...

ORARIO BUS / BUSFAHRPLAN / HORAIRES DES BUS / BUS TIMETABLE

Lugano - Campione d'Italia Linea 439

Arcobaleno

	301	303	305	307	309	311	313	315	317	319	321	323	325	327	329
	Ⓑ	Ⓑ		Ⓑ		Ⓑ									
Lugano, S. Antonio **	**06:08**	**07:08**	**08:08**	**09:08**	**10:08**	**11:08**	**12:08**	**13:38**	**14:38**	**15:38**	**16:38**	**17:38**	**18:38**	**19:13**	**20:08**
Lugano, P.zza Manzoni	06:09	07:09	08:09	09:09	10:09	11:09	12:09	13:39	14:39	15:39	16:39	17:39	18:39	19:14	20:09
Lugano, Piazza Rezzonico	06:09	07:09	08:09	09:09	10:09	11:09	12:09	13:39	14:39	15:39	16:39	17:39	18:39	19:14	20:09
Lugano, Piazza Luini	06:10	07:10	08:10	09:10	10:10	11:10	12:10	13:40	14:40	15:40	16:40	17:40	18:40	19:15	20:10
Paradiso, Riva Paradiso	06:13	07:13	08:13	09:13	10:13	11:13	12:13	13:43	14:43	15:43	16:43	17:43	18:43	19:18	20:13
Paradiso, Piscina	06:14	07:14	08:14	09:14	10:14	11:14	12:14	13:44	14:44	15:44	16:44	17:44	18:44	19:19	20:14
Melide, Stazione FFS	06:20	07:20	08:20	09:20	10:20	11:20	12:20	13:50	14:50	15:50	16:50	17:50	18:50	19:22	20:20
Bissone, Autostrada	06:22	07:22	08:22	09:22	10:22	11:22	12:22	13:52	14:52	15:52	16:52	17:52	18:52	19:23	20:22
Bissone, Arco	06:23	07:23	08:23	09:23	10:23	11:23	12:23	13:53	14:53	15:53	16:53	17:53	18:53	19:24	20:23
Campione, via Totone	06:26	07:26	08:26	09:26	10:26	11:26	12:26	13:56	14:56	15:56	16:56	17:56	18:56	19:27	20:26
Campione, via Posero							12:27				16:57	17:57			
Campione, Casinò	**06:28**	**07:28**	**08:28**	**09:28**	**10:28**	**11:28**	**12:28**	**13:58**	**14:58**	**15:58**	**16:58**	**17:58**	**18:58**	**19:28**	**20:28**
	302	304	306	308	310	312	314	316	318	320	322	324	326	328	330
	Ⓑ	Ⓑ		Ⓑ		Ⓑ									
Campione, Casinò	**06:30**	**07:30**	**08:30**	**09:30**	**10:30**	**11:30**	**13:00**	**14:00**	**15:00**	**16:00**	**17:15**	**18:15**	**19:00**	**19:30**	**20:30**
Bissone, Arco	06:32	07:32	08:32	09:32	10:32	11:32	13:02	14:02	15:02	16:02	17:17	18:17	19:02	19:32	20:32
Bissone, Autostrada	06:35	07:35	08:35	09:35	10:35	11:35	13:05	14:05	15:05	16:05	17:20	18:20	19:05	19:35	20:35
Melide, Stazione FFS	06:37	07:37	08:37	09:37	10:37	11:37	13:07	14:07	15:07	16:07	17:22	18:22	19:07	19:37	20:37
Paradiso, Piscina	06:41	07:41	08:41	09:41	10:41	11:41	13:11	14:11	15:11	16:11	17:26	18:26	19:11	19:41	20:41
Paradiso, Debarcadero	06:42	07:42	08:42	09:42	10:42	11:42	13:12	14:12	15:12	16:12	17:27	18:27	19:12	19:42	20:42
Lugano, Piazza Luini	06:43	07:43	08:43	09:43	10:43	11:43	13:13	14:13	15:13	16:13	17:28	18:28	19:13	19:43	20:43
Lugano, Piazza Rezzonico	06:44	07:44	08:44	09:44	10:44	11:44	13:14	14:14	15:14	16:14	17:29	18:29	19:14	19:44	20:44
Lugano, Piazza Manzoni	06:45	07:45	08:45	09:45	10:45	11:45	13:15	14:15	15:15	16:15	17:30	18:30	19:15	19:45	20:45
Lugano, Al Forte **	**06:47**	**07:47**	**08:47**	**09:47**	**10:47**	**11:47**	**13:17**	**14:17**	**15:17**	**16:17**	**17:32**	**18:32**	**19:17**	**19:47**	**20:47**

Ulteriori fermate facoltative / Weitere Haltestellen / Autres arrêts / Further stops: **Campione d'Italia**: via Tagliaferri, via Totone (fino via Posero solo corse 321 e 323), incrocio Corso Italia/Corso Fratelli Fusina, Via Marco da Campione (piazzetta).
È escluso il servizio locale tra Lugano e Paradiso e viceversa. ****Lugano, Al Forte: Via Nizzola ** Lugano, S. Antonio: Via Magatti**

Lugano - Gandria Linea 490

Arcobaleno
Comunità tariffale

	501	503	505	507	1508	509	511	513	515	517	519	521	523	527
	Ⓐ ▲	Ⓐ ▲	Ⓑ ▲	Ⓒ ▲	Ⓑ ▲	Ⓒ ▲	Ⓐ ▲	Ⓑ ▲	▲	▲	Ⓐ ▲	Ⓑ ▲	▲	Ⓓ ▲
Gandria, Paese	**07:01**	**07:40**	**08:25**	**09:25**	**10:25**	**11:25**	**12:25**	**13:10**	**14:05**	**15:55**	**16:55**	**17:40**	**18:25**	**22:25**
Gandria, Strada	07:03	07:42	08:27	09:27	10:27	11:27	12:27	13:12	14:07	15:57	16:57	17:42	18:27	22:27
Castagnola, San Grato	07:04	07:43	08:28	09:28	10:28	11:28	12:28	13:13	14:08	15:58	16:58	17:43	18:28	22:28
Castagnola, Tamporiva	07:05	07:44	08:29	09:29	10:29	11:29	12:29	13:14	14:09	15:59	16:59	17:44	18:29	22:29
Castagnola, Salita Olivi	07:06	07:45	08:30	09:30	10:30	11:30	12:30	13:15	14:10	16:00	17:00	17:45	18:30	22:30
Castagnola, Posta ⇩	07:07	07:46	08:31	09:31	10:31	11:31	12:31	13:16	14:11	16:01	17:01	17:46	18:31	22:31
Cassarate, Monte Brè ⇩	07:09	07:48	08:33	09:33	10:33	11:33	12:33	13:18	14:13	16:03	17:03	17:48	18:33	22:33
Cassarate, Lanchetta ⇩	07:10	07:49	08:34	09:34	10:34	11:34	12:34	13:19	14:14	16:04	17:04	17:49	18:34	22:34
Lugano, Palazzo Studi ⇩	07:13	07:52	08:37	09:37	10:37	11:37	12:37	13:22	14:17	16:07	17:07	17:52	18:37	22:37
Lugano, S. Antonio **	**07:19**	**07:58**	**08:43**	**09:43**	**10:43**	**11:43**	**12:43**	**13:28**	**14:23**	**16:13**	**17:13**	**17:58**	**18:43**	**22:43**
	502	504	506	1509	508	510	512	514	516	518	520	522	524	526
	Ⓐ ▲	Ⓑ ▲	Ⓒ ▲	Ⓑ ▲	Ⓒ ▲	Ⓑ ▲	Ⓐ ▲	▲	▲	Ⓐ ▲	Ⓑ ▲	▲	Ⓑ ▲	Ⓓ ▲
Lugano, Al Forte **	**07:25**	**08:00**	**09:00**	**10:00**	**11:00**	**11:48**	**12:45**	**13:30**	**15:30**	**16:30**	**17:15**	**18:00**	**18:45**	**22:00**
Lugano, Palazzo Studi ⇧	07:27	08:02	09:02	10:02	11:02	11:50	12:47	13:32	15:32	16:32	17:17	18:02	18:47	22:02
Cassarate, Lanchetta ⇧	07:28	08:03	09:03	10:03	11:03	11:51	12:48	13:33	15:33	16:33	17:18	18:03	18:48	22:03
Cassarate, Monte Brè ⇧	07:29	08:04	09:04	10:04	11:04	11:52	12:49	13:34	15:34	16:34	17:19	18:04	18:49	22:04
Castagnola, Posta ⇧	07:31	08:06	09:06	10:06	11:06	11:54	12:51	13:36	15:36	16:36	17:21	18:06	18:51	22:06
Castagnola, Salita Olivi	07:32	08:07	09:07	10:07	11:07	11:55	12:52	13:37	15:37	16:37	17:22	18:07	18:52	22:07
Castagnola, Tamporiva	07:33	08:08	09:08	10:08	11:08	11:56	12:53	13:38	15:38	16:38	17:23	18:08	18:53	22:08
Castagnola, San Grato	07:34	08:09	09:09	10:09	11:09	11:57	12:54	13:39	15:39	16:39	17:24	18:09	18:54	22:09
Gandria, Strada	**07:35**	**08:10**	**09:10**	**10:10**	**11:10**	**11:58**	**12:55**	**13:40**	**15:40**	**16:40**	**17:25**	**18:10**	**18:55**	**22:10**
Gandria, Paese	**07:40**	**08:20**	**09:20**	**10:20**	**11:20**	**12:08**	**13:05**	**13:50**	**15:50**	**16:50**	**17:35**	**18:20**	**19:05**	**22:20**

La Società non risponde dei bagagli a mano non registrati che devono essere custoditi dai proprietari, non si garantiscono le coincidenze in caso di ritardo o forza maggiore, né si assume responsabilità per modifiche introdotte negli orari delle imprese di trasporto in corrispondenza. I posti sono limitati alla portata dei natanti e degli autobus.

Simbologia - Zeichenerkl
Explication des signes - E

Ⓐ Feriali lunedì-venerdì / An Werkta
Jours ouvrables lundi-vendredi / W

Ⓑ Feriali lunedì-sabato / An Werktag
Jours ouvrables lundi-samedi / Wo

Ⓒ Domenica e giorni festivi / Sonn- u
Dimanche et jour fériés / Sunday a

Ⓓ Venerdì e sabato / Freitag und Sar
Vendredi et samedi / Friday and s

Ⓔ Dal 01/10/2019 al 31/03/2020
Ve + Sa + Do e giorni festivi / Fr + S
Ve + Sa + Di et jours fériés / Fr + Sa
Dal 01/04 al 30/09/2019
tutti i giorni / täglich / tous les jou

▲ Posti limitati.
Comitive e scuole annunciarsi per
Beschränkte Platzzahl. Gruppen u
bitte rechtzeitig anmelden:
Nombre de places limité. Sociétés
sont priées de s'annoncer par ava
Limited number of seats. Groups
should reserve ahead of time:

+41 (0)**91 222 11 11**

⇧ Solo per salire / Nur zum Einsteig
Seulement pour monter / Pick up

⇩ Solo per scendere / Nur zum Aus
Seulement pour descendre / Exit

È escluso il servizio locale tra Lugano e Cast
Kein öffentlicher Transport zwischen Lugano
Il est exclu le service local entre Lugano et C
The local service is excluded between Lugar

PORLEZZA

Porlezza liegt zwischen den Mündungen der beiden Flüsse Rezzo und Cuccio in einer sumpfigen Ebene am äußersten Ende des östlichen Seearms. Es ist Haltepunkt einer Schifffahrtslinie von Lugano aus. Nach Como beträgt die Entfernung rund 45 km, 80 km sind es nach Mailand, 15 nach Bellagio am Comer See und 18 nach Lugano. Porlezza ist der Hauptort der italienischen Seeregion, die zur Provinz Como gehört. Das Dorf wurde bereits zur Römerzeit gegründet und war lange Zeit ein Fischerdorf. Die wild-romantische Natur seiner Umgebung, die vielen Möglichkeiten der Freizeitgestaltung, seine Tradition und Geschichte ziehen die Besucher an. In Porlezza kommen sowohl die sportlich aktiven Besucher als auch diejenigen, die Erholung pur suchen, auf ihre Kosten. Zu den sportlichen Aktivitäten zählen Wasserski, Segeln, Surfen und Angeln. Eine Angelerlaubnis erhält man - wie überall - gegen Gebühr bei der Kommune (Municipio). Man kann die Umgebung zu Fuß oder mit dem Fahrrad erkunden, sich auf dem pittoresken Wochenmarkt tummeln oder eine Bootstour unternehmen. Zahlreiche Restaurants in Porlezza und Umgebung locken mit wunderbarer Aussicht auf den Ceresio. In nordöstlicher Richtung gelangt man über die Strada Statale 340 durch das Val d'Intelvi nach Argegno oder Menaggio. Zwischen 1884 und 1939 verband eine private Bahnlinie, die „Ferrovia Menaggio-Porlezza“ die beiden Städte. Seit 2012 ist es möglich, die alte Bahnstrecke zwischen ***Porlezza und Bene Lario***, etwa auf halber Strecke zum Comer See, durch das Naturschutzgebiet Lago di Piano hindurch zu Fuß oder mit dem Rad zu bewandern. Bahngebäude entlang der Strecke wurden zu Privatwohnhäusern umfunktioniert. Informationen zur Geschichte der Ferrovia (ital.): www.ferroviamenaggioporlezza.it.

In der Antike wurde Porlezza als „Porletia", „Portolexe" oder „Portus Laetitiae" bezeichnet. Das deutet darauf hin, dass es hier schon zur Römerzeit einen Hafen gab. Seiner privilegierten und verkehrsgünstigen Lage zwischen Lugano und Menaggio entsprechend, ist Porlezza stark auf den Tourismus zugeschnitten. Seit 1950 konnte der Ort seine Einwohnerzahl mehr als verdoppeln. In den Sommermonaten wimmelt es von Gästen, hauptsächlich aus Deutschland, der Schweiz und den Niederlanden. Juni bis August, jeweils dienstags ab 17 Uhr, findet am Seeufer und in der Altstadt ein Kunsthandwerkermarkt (mercatino dell'artigianato) statt. Während dieser Zeit befährt eine kleine motorisierte Touristenbahn die Straßen des Städtchens. ***Höhepunkt des Sommers ist das traditionelle Seefeuerwerk*** am 16. August zum San Rocco-(St. Rochus-)Fest. An diesem Tag feiern die Porlezzeser alljährlich die Überwindung der Cholera-Epidemie von 1854. Am Vorabend spielt das philharmonische Orchester der Stadt auf. Ab 6 Uhr morgens pilgert man, gemeinsam mit den Einwohnern von San Pietro Sovera, einem Ortsteil der Nachbarstadt Carlazzo, zum im 19. Jahrhundert geweihten Kirchlein San Rocco auf den Felsen von Palo. Anschließend beginnt ein Volksfest. Auch im Frühjahr und Herbst bietet die Voralpen-Gegend um Porlezza mit ihrer reichen Pflanzenwelt einen farbenprächtigen Anblick. Selbst im Winter kommen Touristen hierher, um die malerische Bergwelt, das herrliche Seepanorama und die Nähe zur Stadt Lugano zu genießen. Die Umgebung Porlezzas besteht aus grün bewachsenen Berghängen, die zu Spaziergängen und Wanderungen einladen. In Richtung Menaggio finden sich der kleine Nachbarsee ***Lago del Piano***, die Schlucht von Corrido und in Richtung Osteno die Grotte von Rescia, die reich an Stalagmiten und Stalaktiten ist.

Vom Postplatz aus bergauf erreicht man die ***Kapelle San Rocco***. Von hier aus überblickt man ganz Porlezza und genießt eine herrliche Aussicht auf den See. Zentrum des historischen Stadtkerns ist die Via Garibaldi mit der alten Kirche Santa Marta. Diese enthält ein bemerkenswertes Chorgestühl aus Holz. Die Geschichte der Kirche ist sonderbar: Nachdem der heilige Karl Borromäus, seinerzeit Erzbischof von Mailand, Santa Marta 1582 besucht hatte, schrieb er, sie sei eine Kirche der „Disciplinati". Dieser Flagellanten-

Orden sorgte noch 1721 mit eigenen Geldmitteln dafür, dass die Fassade fertiggestellt und das Innere mit Fresken und Portraits geschmückt wurde. Die barocke Pfarrkirche San Vittore il Moro an der Piazza 5 Vie (cinque vie = fünf Wege) wurde schon im 12. Jahrhundert erbaut, doch nur noch die Apsis ist aus dieser Zeit erhalten; der Rest stammt aus dem 16. Jahrhundert. Die Bemalung der Wände und des Gewölbes mit Szenen aus dem Leben des heiligen Viktor stammt größtenteils von Giovanni Battista Pozzi aus dem benachbarten Valsolda. Der Barockaltar mit vergoldetem Schnitzwerk stammt aus dem Jahr 1684, die Original-Stuckreliefs stammen aus dem 17., Kanzel und Orgel aus dem 18. Jahrhundert. Auch die Kirche Beata Vergine dei Miracoli, auch Madonna del Rezzo genannt, glänzt mit prächtigen Fresken des Malers Giulio Quaglio aus dem 18. Jahrhundert. Sie wird derzeit renoviert.

Hübsch ist der Spaziergang zur mittelalterlichen ***Kirche San Maurizio*** (Via per Osteno, ca. 1 km in Richtung Osteno, bei der Brücke am Fuß des Monte Galbiga, wo der Fluss Cuccio entspringt. Die dem gleichnamigen Märtyrer geweihte Kapelle, die komplett aus dem graubraunem Stein der Region besteht, ist ein typisches Beispiel für die altehrwürdige romanische Architektur der Provinz Como zwischen dem 11. und 12. Jahrhundert und eins der wenigen noch nicht umgebauten. Erhaltene Dokumente aus dieser Zeit beschreiben diese Kirche als „am See gelegen" - das Wasser des Ceresio muss damals bis hierher gereicht haben. Seit einem gewaltigen Erdrutsch im 14. Jahrhundert schlummerte das Kirchlein unter der Erde. Nur der Campanile schaute noch heraus. 1966 begann man, es in sorgfältiger Grabung wieder ans Licht zu heben und zu restaurieren. Heute kann man es wieder komplett betrachten. Alljährlich im September wird an diesem Ort das San-Maurizio-Fest gefeiert.

KUNST *UND* ***KULTUR***

Etwa 1490 wurde der Bildhauer und Architekt ***Guglielmo della Porta*** in Porlezza geboren. Er entstammte einer ortsansässigen Künstlerfamilie. Sein Vater Giovanni Giacomo bildete ihn aus und schmückte mit ihm den Dom von Genua mit Statuen. Etwas später siedelte Guglielmo della Porta nach Rom um. Dort schuf er unter anderem ab 1549 das Denkmal des Papstes Paul III. Farnese im Petersdom, das er zunächst zu groß entwarf. so dass es projektiv verkleinert werden musste. Erst nach 26 Jahren wurde es fertiggestellt. Künstlerisch war Guglielmo della Porta stark von Michelangelo beeinflusst. Er besuchte auch in seiner römischen Zeit regelmäßig seinen Heimatort, wo er Ländereien in Luggino (heute zum Ortsteil Tavordo gehörig) besaß. Aus Liebe zu seiner Heimat errichtete er dort eine kleine Kapelle, die ursprünglich St. Peter und Paul, später San Carlo Borromeo gewidmet war. Derzeit wird sie renoviert. In Porlezza kam 1532 auch der Architekt und Bildhauer Giacomo della Porta zur Welt, der die Kuppel des Petersdoms unter Papst Sixtus V. schuf und 1602 in Rom starb.

BOOTSTOUREN PORLEZZA-LUGANO

Von Porlezza aus gibt es kaum Verbindungen nach Lugano. Täglich außer Samstag legt das Schiff um 16.40 Uhr nach Lugano ab, am Samstag bereits um 10.05 Uhr. Die Fahrt dauert ca. eine Stunde. Für die Rückfahrt muss man dann allerdings auf den Bus ausweichen, da es keine weitere Verbindungen gibt; die Schiffsbegleiter erteilen gerne Fahrplanauskünfte. Umständlich! Vergessen Sie die Pässe nicht! (Infos ohne Gewähr)

FAMILIENWANDERUNG SASS DE PALÙ

Im Ortsteil ***Ponte di Pino*** hält man sich links. Parkmöglichkeiten bestehen am Sportplatz Piano di Porlezza. Der Hauptstraße Richtung Carlazzo folgend, richtet man sich nach den Hinweisschildern „La Palazzina". Ab dort gibt es einen leichten Wanderpfad durch den Wald zum Ortsteil Palaas. Hier biegt eine schmale Straße nach links ab, die von San Giorgio zum alten Waschhaus des Dörfchens Gottro führt. Von dort aus folgt man einer gepflasterten Straße bergauf bis zur Zisterne eines alten Aquäduktes. Dort biegt nach links ein manchmal etwas steiler, doch insgesamt nicht schwieriger Waldpfad ab, der zur Gemeinde Pradei, danach in die Gemeinde Runkett führt. Runkett ist ein hübscher Ort in einer typischen, waldigen Voralpen-Landschaft. Wer Lust hat, kann dort eine alte Kalkbrennerei besichtigen. Hinter Runkett wird der Pfad etwas steiler und führt zu einem großen Plateau oberhalb des Sass de Palù. Der Blick auf das gesamte Tal, den See, seinen kleinen Nachbarn - den Lago di Piano und das Valle d'Intelvi - ist atemberaubend.

PORLEZZAS VIER TEILORTE

Agria Eine Besonderheit sind die alten Brunnen, die einst der Wasserversorgung der Bewohner dienten. ***Tavordo*** Besondere Highlights sind die Kapelle Madonna di Caravaggio sowie das alte Waschhaus auf der Piazza XXV Aprile (Platz des 25. April). In der Località Luggino befindet sich die Chiesa di S. Carlo, erbaut im 16. Jh. von Guglielmo della Porta. ***Begna*** In bevorzugt sonniger Lage am Berghang kann man von diesem Dörfchen aus einen schönen Panoramablick auf Porlezza und den See genießen. Der Dorfplatz, an dem die alte Kirche Santi Giuseppe ed Anna liegt, wurde erst kürzlich renoviert. Eine natürliche Attraktion des Ortes ist der Wasserfall (Cascata di Begna). Er ist gut durch eine kleine Wanderung zu erreichen: Vom Spielplatz aus folgt man der Via Caduti in Guerra, dann der Via alla Piana. Dort beginnt eine Treppe, über die man den Wanderpfad „Ponte Strolech" erreicht. Zwischen malerischen ländlichen Häusern hindurch führt dieser Pfad zu einer kleinen Kapelle, an der ein Schild auf den Wasserfall und die römische Brücke hinweist (ponte romano - orrido). Der wunderschöne Wasserfall stürzt über eine imposante Felsgrotte in einen natürlichen Pool mit felsigen, aber vielerorts sanft abfallenden Ufern, in dem man sich im Sommer erfrischen kann. ***Cima*** Dem nördlichen Seeufer folgend, über die Via Statale in Richtung Lugano, gelangt man - teilweise durch einen neuen Tunnel - nach Cima, dessen mittelalterliche Struktur mit Resten antiker Mauern und Festungsanlagen noch erhalten ist. Dieses Dorf in schöner, sonniger Lage ist die abgelegenste und malerischste „Frazione" von Porlezza. Sie liegt an der „Via Regina", die Porlezza mit Lugano verbindet. An der Grenze zwischen Cima und Valsolda liegt der Pilgerweg zur Kirche Madonna della Caravina. Diese schöne barocke Wallfahrtskirche im Dorf Cressogno Valsolda wurde 1663 geweiht.

UNTERKÜNFTE

(1) ***Camping Darna*** Via Osteno 50, T +39 (0)344 61597, www.campingdarna.com. 353 Plätze, behindertengeeignet. Restaurant/Pizzeria, Bar, Minimarkt, Parkplatz, Haustiere erlaubt, Swimmingpool, Strand, Tennis, Ballspiele, geöffnet April-Oktober. (2) ***Camping International Sport*** Via Per Osteno 40. T +39 (0)344 61852. info@intersportcamp.com. www.intersportcamp.com. 800 Plätze, 40 Bungalows. Restaurant, Bar, Minimarkt, Internet, Parkplatz, Haustiere erlaubt, Strand, Diskothek, Solarium, Animation, geöffnet März-Dezember. (3) ***Camping La Sbianca*** Via Per Osteno 42. T +39 (0)344 62271. 180 Plätze, 60 Zimmer, geöffnet April-September. (4) ***Hotel Europa*** Lungolago Matteotti 19. T +39 (0)344 61142. www.hoteleuropa.co.it. 36 Zi., 84 Betten, DZ ab 99 €. Restaurant, Bar, Aufzug, Heizung, Haustiere erlaubt, Garage, Parkplatz, Tresor, Solarium, Sonnenterrasse, Garten (5) ***Hotel Risorgimento*** Via Vanetti 16. T +39 (0)34461122. www.hotelrisorgimento.com. 16 Zi., 32 Betten, DZ ab 70 € inkl. Frühstück, gruppengeeignet. Restaurant, Bar, Klimaanlage, Aufzug, Garage, Parkplatz, Wertfächer, Garten. (6) ***Hotel Parco San Marco*** Viale Privato San Marco 1. T +39 (0)344 629111. www.parco-san-marco.com. 67 Apartments, ab 170 €, gruppengeeignet, behindertengeeignet. Restaurant, Bar, Klimaanlage, Aufzug, Garage, Tresor, Garten, Strand, Swimmingpool, Wellnessbereich, Tennis, Reiten, Wassersport, Babysitterdienst, Tagungsraum, Fahrdienst. (7) ***Residence Antico Crotto*** Via Per Osteno 3. T +39 (0)344 72724. 10 Zi., 20 Betten, ab 77 €, Restaurant, Bar, Parkplatz. (8) ***B&B La Casetta Verde*** Via Galbiga 1. F (0)344 62441. www.lacasettaverde.it. 4 App., 12 Betten, ab 25 €, Haustiere erlaubt, Parkplatz, Garten. (9) ***B&B La Marinella*** Via Osteno 29. T +39 (0)333 064833. www.bblamarinella.com. 4 Ap., 12 Betten, ab 35 € inkl. Frühstück, Sat-TV, Parkplatz, Garten.

ESSEN *UND* TRINKEN

(1) ***Antico Crotto*** Via per Osteno 33. T/F (0)344 72724. www.anticocrotto.com. 200 Plätze (100 außen), behindertengeeignet. Parkplatz, Terrasse. Mi. geschl. Das alte Crotto wurde kürzlich renoviert und zu einem eleganten Restaurant mit steinernem Gewölbesaal umgebaut. Spezialitäten: Regionale, saisonale Küche, ganzjährig frische Trüffel. (2) ***Crotto***

Galbiga Via per Osteno 17. T +39 (0)344 62483. 330 Sitzplätze (230 außen), (Mo. geschl.). (3) ***Darna*** Via Osteno 50. T +39 (0)344 72298. 300 Sitzplätze (200 außen), behindertengeeignet, Parkplatz, geöffnet täglich (April-Oktober). Dieses dem gleichnamigen Campingplatz angegliederte Ristorante mit großer Terrasse und Live-Bühne bietet eine große Auswahl an italienischen und internationalen Gerichten, dazu erstklassige hausgemachte Pizzen zu ungewohnt günstigem Preis. (4) ***Il Crotto del Lago*** Via Fontanella 3. T +39 (0)344 69132. 210 Sitzplätze (120 außen), behindertengeeignet, Parkplatz, Mo. geschl. Regionale Küche mit Spezialitäten des Landes und des Sees. (5) ***Il Ritrovo*** Località Cinì 44 (Cima). T +39 (0)344 72360. 200 Sitzplätze (100 außen), Parkplatz. Di. geschl. Attraktive, direkt am nördlichen Seeufer gelegene, schattige Lokalität nah an der Strada Statale 340. (6) ***La Taverna*** Piazza Peppino e Angelo Selva 33. T +39 (0)344 61081. 60 Sitzplätze (nur innen), behindertengeeignet, Mi. geschl. Das Lokal liegt im alten Ortskern von Cima, die Parkplatzsuche kann dauern. (7) ***Mani in Pasta*** Lungolago Matteotti 26. T +39 (0)34462008. 140 Sitzplätze (80 außen), behindertengerecht, Parkplatz, Mi. geschl. Beliebte Pasteria/Spaghetteria mit schattiger Terrasse nahe dem Schiffsanleger im Zentrum von Porlezza. Ghiacciaia Via Osteno, 37. T +39 (0)344 61793. 120 Sitzplätze (80 außen), Parkplatz, Mo. geschl.

CARLAZZO

Carlazzo liegt etwas östlich von Porlezza auf dem Abhang des Monte Pidaggia, mitten im wunderschönen Val Menaggio, das den Luganer See auf natürliche Weise mit dem Comer See verbindet. Die Entfernung von Carlazzo nach Como beträgt nur 44 km. Von Como und Sondrio aus erreicht man Carlazzo über die Strada Statale 340, wobei man ab Menaggio der Richtung Porlezza folgt. Von Lugano aus folgt man derselben Staatsstraße, nur aus der Gegenrichtung. Auf der Via Corrido, die von Carlazzo in Richtung Corrido führt, passiert man die Ponte del Saltone. Sie schwingt sich in 136 Metern Höhe über eine steile, vom Fluss Cuccio gegrabene Schlucht, die zu den tiefsten Europas gehört. Die Gemeinde besteht aus den Ortsteilen ***Carlazzo***, ***Gottro***, ***Piano di Porlezza*** und ***San Pietro Sovera***. Alle vier sind gut touristisch erschlossen und bieten viele Möglichkeiten der Erholung.

In San Pietro Sovera wird jeden ersten und dritten Mittwoch im Monat der ***Markt Il Ponte*** mit Lebensmitteln, landwirtschaftlichen Erzeugnissen und typischen Produkten der Lombardei abgehalten. Ende März bis Mitte Oktober 13-19 Uhr, Ende Oktober bis Mitte März 11-17 Uhr. Via Stazione, San Pietro Sovera. Im Ortsteil Gottro können drei zauberhafte alte Kirchen besichtigt werden: Die ***Pfarrkirche Santi Giacomo e Fedele*** und die ***Kirche San Giorgio*** enthalten sehenswerte Fresken. In der Kirche Santo Stefano, die ihre heutige Gestalt bei einem Umbau 1735 erhielt, befindet sich eine voll funktionsfähige Original-Orgel der bis 1895 in Bergamo ansässigen, traditionsreichen Orgelbaufirma Fratelli Serassi. Im Sommer werden hier Orgelkonzerte abgehalten. Jährlich im August findet das Orgelmusikfest ***Festival Serassi*** statt, mit einigen Konzerten in der Kirche Santo Stefano. Informationen: www.agimuslombardia.com, T +39 (0)341 815160.

MILCHMUSEUM

Ein interessantes Ausflugsziel ist das Milchmuseum (***Museo etnografico del latte***), das die Gemeinde Carlazzo 2002 in ihrer ehemaligen kommunalen Molkerei eingerichtet hat. Es gehört dem Museumsverband SMuTAL (Sistema Museale Territoriale delle Alpi Lepontine) an. Besucher erhalten einen lebhaften Eindruck von der Bedeutung der Landwirtschaft in dieser wiesenreichen Gegend am Luganer See: Alte Erntemaschinen, Original-Milchkannen und traditionelle Konservierungsmethoden, lange vor der Erfindung des Kühlschrankes, zeugen von der stetigen Anstrengung der Bauern in der vorindustriellen Zeit. Öffnungszeiten: Di., Fr. 16-17 Uhr; an allen anderen Tagen nach Vereinbarung. Via Val Cavargna 32 a. T +39 (0)344 70363. www.cmalpilepontine.it.

LAGO DI PIANO

Das 1984 gegründete regionale Naturschutzgebiet Lago di Piano umgibt einen gleichnamigen See, der 85 der insgesamt 176 Hektar einnimmt. Hier bieten sich Flora und Fauna in noch fast unberührtem Zustand dar. Zahlreiche Säugetiere, Vögel und Reptilien, Schildkröten, Rehwild und Fische tummeln sich in diesem Gebiet. Im Natur-Observatorium (Osservatorio Naturalistico Polivalente) gibt es einen Lehrbauernhof (fattoria didattica) mit zahmen und auch einigen wilden Tieren. Eine Pflegestation für verletzte Raubvögel ist dabei. Das Besucherzentrum (Centro Visitatori Casa della Riserva) enthält neben einem Dokumentations- und Verwaltungszentrum ein ökologisches Museum und Gästezimmer. Geführte Tages- und Nachtwanderungen durch das Naturschutzgebiet, ein botanischer Rundgang sowie buchbare Touren im Jeep, zu Pferd oder im Boot gehören zum Angebot der Casa della Riserva, außerdem Boots- und Mountainbike-Vermietung, Natur- und Sportkurse sowie die Organisation „grüner" Kindergeburtstage . Öffnungszeiten: Mo., Di., Sa. 9-12 Uhr, Mi. 14-16 Uhr. Riserva Naturale Lago di Piano Via Statale 117. T +43 (0)344 74961. riservalagodipiano.wordpress.com.

Auf dem Gipfel des Lago di Piano-Hügels, an einem strategisch wichtigen Punkt, befindet sich Castel San Pietro. Allerdings ist diese Anlage nicht wirklich ein „Kastell", sondern ein befestigtes Dörfchen, ein so genanntes Borgo aus dem frühen 15. Jh., das der Landbevölkerung als Zufluchtsort

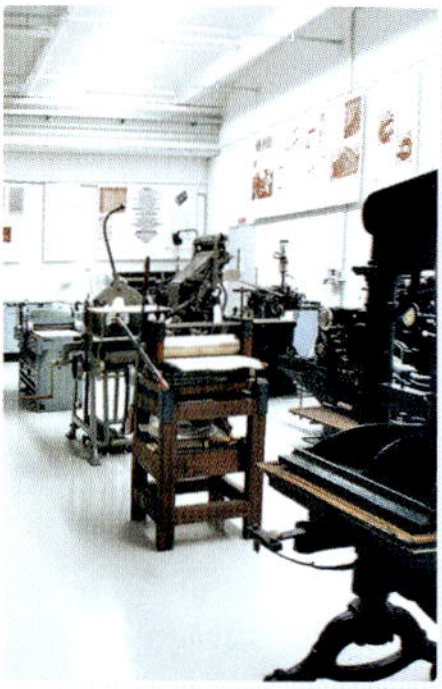

diente. Es besteht aus einem Konglomerat ineinander geschachtelter Häuschen hinter einem Tor.

Die ***Entwicklung der Druckerei*** vom Bleisatz bis zur computergesteuerten Druckmaschine zeigt das ***Museo della Stampa della Regio Insubrica***. Kunstvolle Typo- und Lithografien, Bleisetzmaschinen, Fotoapparate vom Ende des 19. Jahrhunderts und Beispiele der Buchdruckkunst aus dem 18. Jahrhundert sind hier zu bewundern. Das Museum ist ein Ableger des traditionsreichen Verlagshauses Attilio Sampietro in Menaggio am Comer See. Eintritt frei, Museum behindertengeeignet, geöffnet Ende März bis Ende November nach Vereinbarung. T +39 (0)34 4320 55. www.sampietrografiche.com.

UNTERKÜNFTE

(1) ***Camping Ranocchio*** 230 Plätze, 6 Bungalows, behinderten- und gruppengeeignet, Restaurant/Bar, Strand, Parkplatz, Haustiere erlaubt, geöffnet April-September. Via al Lago 7. T +39 (0)344 70385. (2) ***Camping Costa Azzurra*** 120 Plätze, behindertengeeignet; Bar, Minimarkt, Strand, Parkplatz, Haustiere erlaubt, geöffnet April-September. Via al Lago 2. T +39 (0)344 70024. (3) ***Hotel Albergo Concordia*** 11 Zi., 21 Betten, ab 75 EUR inkl. Frühstück, Restaurant, Bar, Parkplatz, behinderten- u. gruppengeeignet, Haustiere erlaubt. Via Menaggio 14. T +39 (0)344 714019. www.albergo-concordia.com. (4) ***Hotel La Solitaria*** 8 Zi., 15 Betten, ab 80 EUR inkl. Frühstück, Restaurant, Bar, Parkplatz, gruppengeeignet, Sky-TV, Internet. Via Regina 11 a. T +39 (0)344 70250. (5) ***B&B Chiara*** 1 Zi., 5 Betten, ab 30 €, Parkplatz. Via dei Fiori 10. (5) ***B&B Fiore*** Gottro 2 Zi., 6 Betten, Parkplatz, Via San Giorgio 1. T +39 (0)344 71357.

ESSEN *UND* ***TRINKEN***

(1) ***Al Minestraio*** Spezialitäten: Grillgerichte, Mi. bis Sa. Meeresfische.150 Sitzplätze, behindertengeeignet, Parkplatz. Mai geschl. Via Menaggio 14. T +39 (0)344 714019. www.albergo-concordia.com. (2) ***Da Giorgio*** 120 Sitzplätze (davon 80 außen), behindertengeeignet, Parkplatz. Di. abends geschl. Via Statale 61. T +39 (0)344 714019. (3) ***La Rotonda*** Regionaltypische Spezialitäten, z.B. „polenta vuncia" (Polenta mit Käse, Butter und Knoblauch). 110 Sitzplätze, davon 30 außen), Parkplatz. Mo. geschl. Via per San Petro. T +39 (0)344 70411. (4) ***Laghetto Bianco*** 160 Sitzplätze, davon 100 außen, behindertengeeignet, Parkplatz, Mi. geschl. Via Regina 107, Ortsteil Piano. T +39 (0)344 70098. (5) ***Crotti Bottari*** 80 Sitzplätze, davon 40 außen, Parkplatz, Mo. geschl. Sitzplätze: 40 innen / 40 außen. Via Artigiani 19, Ortsteil Piano. T +39 (0)344 74017.

(6) ***Da Gusto*** 90 Sitzplätze, Parkplatz, Di. geschl. Località Monti di Gottro. T +39 (0)344 70040. (7) ***Mirabel*** 50 Sitzplätze, Mi. geschl. Località Monti di Gottro. T +39 (0)344 70077. (8) ***Osteria/Trattoria Sole*** 30 Sitzplätze, Do. geschl. Via Bollo 8, Ortsteil Gottro. T +39 (0)344 70359.

CLAINO CON OSTENO

Folgt man der Seeuferstraße von Porlezza aus nach Süden, gelangt man automatisch nach Claino con Osteno. Die Straße ist äußerst schmal und verlangt bei Gegenverkehr höchste Aufmerksamkeit. Über große Strecken ist sie unbeleuchtet - wenn man zu Fuß im Dunkeln hier entlangspaziert, sollte man Warnwesten tragen oder eine Taschenlampe bei sich haben. Die Gemeinde ***Claino con Osteno*** formiert sich aus mehreren winzigen Gemeinden, die größten sind die drei Dörfchen ***Claino***, ***Barclaino*** und ***Osteno***. Osteno und seine Mini-Ausläufer ***Rescia*** (Richtung Porlezza) und ***Righeggia*** (Richtung Santa Margherita) liegen direkt am Seeufer. Barclaino, San Lucio und Claino sind höher am Hang, weshalb sie einen atemberaubenden Blick auf den Ceresio und das gegenüberliegende Seeufer mit Porlezza und die imposanten Berge um Valsolda herum bieten. Das riesige, die Landschaft beherrschende Felsdreieck des Monte dei Pizzoni (1 303 m) liegt genau gegenüber von Osteno. Barclaino wurde hoch über dem See auf den Überresten einer alten Festung errichtet. Daran erinnern ein alter Steinbruch und auch der Name des Dorfplatzes: ***Piazza del Forte***. Ein Turm und Mauerreste sind noch sichtbar. Während des Mittelalters war Barclaino ein strategisch wichtiger Punkt am Zugang zum Val d'Intelvi. Sehenswert ist die 1570 geweihte Kapelle Madonna delle Grazie, wunderschön mit Stuckaturen und Fresken aus dem 17. und 18. Jh. ausgestattet. Sie wurde aus Dankbarkeit für überstandene Schlachten errichtet.

Claino ist stark mittelalterlich geprägt und gruppiert sich eng um die Pfarrkirche San Vicenzo. Die Kirche, die schon aufs Ende des 13. Jahrhunderts zurückgeht, ist nach alter Art mit dem Chorraum nach Osten ausgerichtet. Hinter dem Portal mit spätgotischem Fresko steht ein Taufbecken. Regionale Künstler haben sich hier verewigt: Eine Pietà von Gentilino stammt aus dem Jahr 1492. Marco Antonio Prestinari aus Claino hat die Figurengruppe „Anbetung der Hirten" geschaffen, es handelt sich um einen Entwurf zur gleichnamigen Skulpturengruppe im Mailänder Dom. Ein herrliches Altarbild vom Ende des 16. Jahrhundert zeigt die Jungfrau Maria mit Kind, umgeben von Heiligen. Von Rocco Comanedi aus Cima stammt eine „Vorstellung des jungen Jesus im Tempel" aus dem 18. Jahrhundert. Nahe der Kirche befindet sich ein kleiner Palazzo aus dem 15. Jahrhundert. Teile des Mauerwerks und der Portale sind noch erhalten. Von Claino aus führt ein uralter Wanderweg in nordöstliche Richtung nach Porlezza. In einiger Entfernung vom Dorf erhebt sich die Kirche Santa Giulia, deren Campanile auf den Überbleibseln eines romanischen Gebäudes erbaut wurde. Das alte Kirchlein wurde im 17. Jahrhundert komplett umgebaut und um einen schönen Säulengang ergänzt. Im Inneren sind Statuen von Francesco Prestinari und Gemälde aus dem 17. Jahrhundert zu bewundern, die das Leben der heiligen Julia schildern.

In der „frazione" ***Osteno stürzt ein beachtlicher Wasserfall*** (orrido) durch eine enge und steile Schlucht des Flusses Telo in den Luganer See. Der Wasserfall ist heute im Privatbesitz und kann daher nur von Bord eines Bootes aus betrachtet werden. Der Wasserfall spielt eine wichtige Rolle im Werk des Schriftstellers Antonio Fogazzaro aus Valsolda. Sein (derzeit nicht auf Deutsch erhältlicher) Roman „Malombra" wurde 1942 unter der Regie von Mario Soldati verfilmt. Der Wasserfall von Osteno, der zu Fogazzaros Zeiten noch frei zugänglich war und von zahlreichen Touristen mit dem Boot angesteuert wurde, war Drehort.

MALOMBRA...

... mit Isa Miranda und Andrea Checchi in den Hauptrollen, ist ein kunstvoller „film noir" mit Schauerelementen. Die Handlung erinnert entfernt an den Hitchcock-Streifen „Rebecca", gedreht wurde sowohl am Comer See als auch am Wasserfall von Osteno. Zur Handlung: Die Schriftstellerin Marina di Malombra (Miranda) lebt auf Einladung eines Grafen in seiner Villa (die Villa Pliniana bei Torno am Comer See). Seine Bedingung: Sie darf das Haus erst bei ihrer Heirat verlassen. Die Verwandten des Grafen, die am Erbe interessiert sind, wollen Marina in die Ehe mit einem der ihrigen locken. Sie liebt jedoch einen Ingenieur (Andrea Checchi), ohne es diesem je zu offenbaren. Der Graf hat ein düsteres Geheimnis: Sein Vorfahr soll seine Frau - Marinas Tante - in der Villa gefangen gehalten und sie schließlich in den Tod getrieben haben. Marina glaubt mehr und mehr, die Reinkarnation ihrer Tante zu sein und sie rächen zu müssen. Gegen Ende ist der Wasserfall von Osteno zu sehen: Marina beschließt, im Boot zu „einem Wasserfall am anderen Seeufer" (in Wirklichkeit: an das Ufer des Luganer Sees) zu fahren, an dem ihre Tante gestorben ist.

Das Dörfchen Osteno, direkt am Seeufer gelegen, ist verglichen mit Porlezza äußerst ruhig, doch dabei sehr romantisch und idyllisch. Es ist reich an Zeugnissen seiner mittelalterlichen Vergangenheit als „borgo" (Wehrdorf). An der sehr gepflegten Uferpromenade mit Bootsanlegestellen und einigen Bars kann man einen Blick auf das alte Gerichtsgebäude (pretorio) werfen, das sich direkt an einen mittelalterlichen Turm anschließt und bis in die Napoleon-Ära als Gericht und Kerker diente. Nahe bei Osteno, in einer nur vom See aus zugänglichen Höhle, entdeckte der Paläontologe Giovanni Pinna vom Naturwissenschaftlichen Museum in Mailand 1964 eine Lagerstätte von Fossilien, die sich bald als Weltsensation entpuppte: Erstmals konnte man nicht nur Skelette, sondern auch bestens erhaltene Weichteile von Urzeitgeschöpfen untersuchen. Die sechs Meter dicke Kalkschicht war einst eindeutig Meeresgrund. Neben vielen Fischen wurden wirbellose Tiere, Würmer, Quallen und Krustentiere gefunden. Die Forscher datierten viele der Funde in den Jura vor rund 190 Millionen Jahren. Zu den aufregendsten Exemplaren gehörte ein 30 cm langer, sehr schlanker Hai mit langem Schnabel. Die Fachwelt taufte ihn nach seinem Fundort „***Ostenoselachius stenosoma***". Der Osteno-Fund wird heute im „***Museo di storia naturale***" in Mailand aufbewahrt, einige der ältesten Fossilien von dort besitzt das Museo di Fossili in Lanzo d'Intelvi. Von der Liegestätte, die sich in Richtung Santa Margherita befindet, ist heute nichts mehr zu sehen, die Stelle wurde nach mehr als 20 Jahren Grabungen wieder verschlossen und renaturiert.

Die ***Kirche San Pietro e Paolo*** ist über zahlreiche Treppenstufen zu erreichen, von denen die meisten noch Originale aus der Barockzeit sind, und prunkt mit reicher Ausstattung. Sie stammt bereits vom Ende des 13. Jahrhunderts, belegt durch die romanische Apsis, und ist seit 1437 Pfarrkirche. Ab dem 16. Jahrhundert wurde sie durch Antonio Comanedi aus Osteno umgebaut und um zwei Seitenschiffe erweitert. Innen sind eine prächtige Darstellung des Jüngsten Gerichts, ein Tabernakel, der - etwas zweifelhaft - dem großen Künstlersohn des Dorfes, Andrea Bregno, zugeschrieben wird, und eine schöne Statue der Madonna mit Kind zu bewundern. Die Gemälde im Presbyterium, die die Martyrien der Hl. Peter und Paul zeigen, schuf Domenico Quaglio um 1743. Zwei herrliche Barockstatuen aus schneeweißem Marmor vom Hl. Josef und der Hl. Anna stammen aus dem Jahr 1656. Dazu glänzt die Kirche mit einer vor kurzem restaurierten antiken Orgel und einem Holz-Kruzifix aus dem 18. Jh.

An der Mündung des Telo befindet sich ein kleiner, hundefreier Lido (öffentlicher Strand) mit schattiger Liegewiese, Grillstelle und Angelplatz. Es wimmelt von Eidechsen. Das Wasser ist ein Genuss, doch Empfindliche tragen am besten Badeschuhe wegen der scharfen, algenbewachsenen Kiesel. Vor Schwänen sollte man sich nicht fürchten, jedoch auch nicht direkt auf sie zu marschieren oder schwimmen. Wegen der Ruhe schätzen diese Tiere das Gebiet von Osteno zur Aufzucht ihrer Küken. Nahe beim Lido, am öffentlichen Parkplatz, befindet sich ein umzäunter öffentlicher Ballspielplatz, der gratis genutzt werden kann. Öffnungszeiten (Sommersaison): 10-12.30 Uhr, 15.30-21.30 Uhr, außer bei Turnieren. Auf Anfrage auch zu anderen Zeiten nutzbar. Informationen: T +39 (0)344 65111 (Gemeindeverwaltung). An der Seeuferstraße zwischen Porlezza und Osteno befindet sich die sehenswerte Grotte di Rescia, ein Höhlensystem, das kalk- und säurehaltiges Wasser im Lauf der Jahrhunderte ins Tuffgestein gegraben hat, reich bestückt mit Stalagmiten und Stalaktiten. In einer der Höhlen blickt man durch eine natürliche Öffnung auf einen Wasserfall des Santa-Giulia-Flusses. Die Höhle ist beleuchtet und gut für Besucher ausgebaut. Öffnungszeiten: Ostern bis September täglich 14.00-17 Uhr, Eintritt 3,00 €. Via Porlezza 63. T +39 (0)344 72520, grottedirescia@live.it.

CANYONING *AUF DEM* ***LIRONE***

Die 1 200 m lange ***Lirone-Schlucht*** durchzieht das Gebiet der Dörfer Ponna und Claino. Sehr steil und wunderschön, besteht die etwa 40 Minuten erfordernde Strecke aus einer Abfolge in den Kalkstein gegrabener Becken und bietet erfahrenen Canyonisten erheblichen Nervenkitzel. Eine besondere Gefahrenstelle ist die Mündung des Lirone in den Telo. Die Strecke hat Saison von Mai bis Oktober, ideal sind der Mai und der Juni.

UNTERKÜNFTE

(1) ***B&B La Mansarda del Noce*** 1 Zi., 2 Betten, ab 30 € inkl. Frühstück, Garten, Terrasse, Sprachen: Engl. Via Alessandro Giobbi 10. T +39 (0)344 65194. www.mansardadelnoce.it.

ESSEN UND TRINKEN

(1) ***Ristorante/Pizzeria Pizzagalli*** 40 Plätze, behindertengeeignet, Di. geschl. Piazza Pagani. T/F 0344 65152. Trattoria Da Pacio 70 Plätze (20 außen), behindertengeeignet, Parkplatz, Do. geschl. Via Parrocchiale 10. T +39 (0)344 65023.

Weitere Infos unter **www.luganer-see-info.de** ...

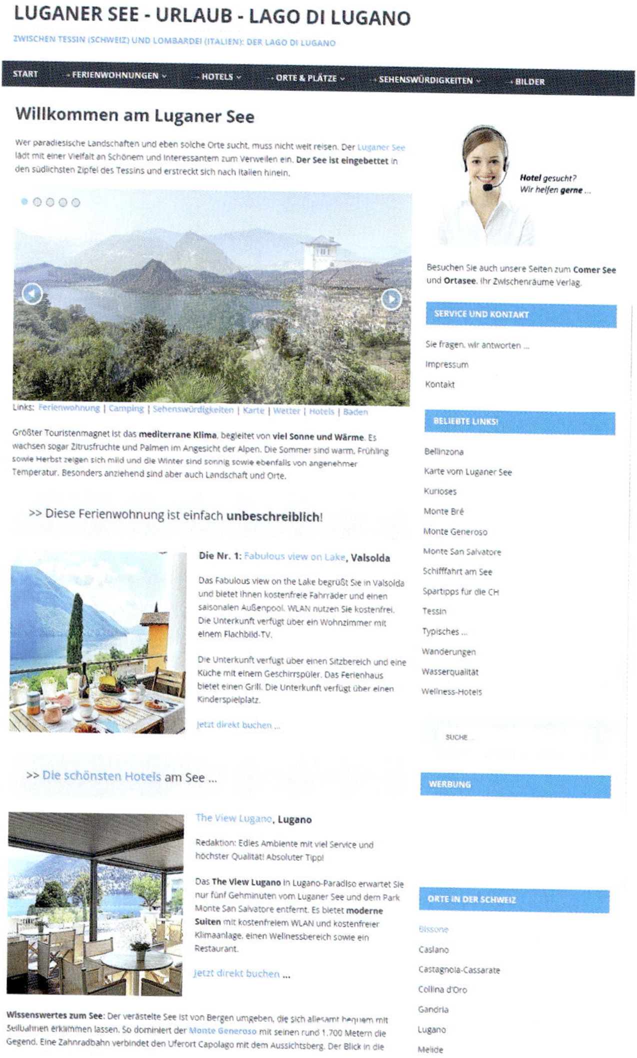

LUGANER SEE - URLAUB - LAGO DI LUGANO

ZWISCHEN TESSIN (SCHWEIZ) UND LOMBARDEI (ITALIEN): DER LAGO DI LUGANO

START | → FERIENWOHNUNGEN | → HOTELS | → ORTE & PLÄTZE | → SEHENSWÜRDIGKEITEN | → BILDER

Willkommen am Luganer See

Wer paradiesische Landschaften und eben solche Orte sucht, muss nicht weit reisen. Der Luganer See lädt mit einer Vielfalt an Schönem und Interessantem zum Verweilen ein. **Der See ist eingebettet** in den südlichsten Zipfel des Tessins und erstreckt sich nach Italien hinein.

Links: Ferienwohnung | Camping | Sehenswürdigkeiten | Karte | Wetter | Hotels | Baden

Größter Touristenmagnet ist das **mediterrane Klima**, begleitet von **viel Sonne und Wärme**. Es wachsen sogar Zitrusfrüchte und Palmen im Angesicht der Alpen. Die Sommer sind warm, Frühling sowie Herbst zeigen sich mild und die Winter sind sonnig sowie ebenfalls von angenehmer Temperatur. Besonders anziehend sind aber auch Landschaft und Orte.

>> Diese Ferienwohnung ist einfach **unbeschreiblich**!

Die Nr. 1: Fabulous view on Lake, **Valsolda**

Das Fabulous view on the Lake begrüßt Sie in Valsolda und bietet Ihnen kostenfreie Fahrräder und einen saisonalen Außenpool. WLAN nutzen Sie kostenfrei. Die Unterkunft verfügt über ein Wohnzimmer mit einem Flachbild-TV.

Die Unterkunft verfügt über einen Sitzbereich und eine Küche mit einem Geschirrspüler. Das Ferienhaus bietet einen Grill. Die Unterkunft verfügt über einen Kinderspielplatz.

Jetzt direkt buchen ...

>> Die schönsten Hotels am See ...

The View Lugano, **Lugano**

Redaktion: Edles Ambiente mit viel Service und höchster Qualität! Absoluter Tipp!

Das **The View Lugano** in Lugano-Paradiso erwartet Sie nur fünf Gehminuten vom Luganer See und dem Park Monte San Salvatore entfernt. Es bietet **moderne Suiten** mit kostenfreiem WLAN und kostenfreier Klimaanlage, einen Wellnessbereich sowie ein Restaurant.

Jetzt direkt buchen ...

Wissenswertes zum See: Der verästelte See ist von Bergen umgeben, die sich allesamt bequem mit Seilbahnen erklimmen lassen. So dominiert der Monte Generoso mit seinen rund 1.700 Metern die Gegend. Eine Zahnradbahn verbindet den Uferort Capolago mit dem Aussichtsberg. Der Blick in die

***Hotel** gesucht?*
*Wir helfen **gerne** ...*

Besuchen Sie auch unsere Seiten zum **Comer See** und **Ortasee**. Ihr Zwischenräume Verlag.

SERVICE UND KONTAKT

Sie fragen, wir antworten ...
Impressum
Kontakt

BELIEBTE LINKS!

Bellinzona
Karte vom Luganer See
Kurioses
Monte Bré
Monte Generoso
Monte San Salvatore
Schifffahrt am See
Spartipps für die CH
Tessin
Typisches ...
Wanderungen
Wasserqualität
Wellness-Hotels

SUCHE ...

WERBUNG

ORTE IN DER SCHWEIZ

Bissone
Caslano
Castagnola-Cassarate
Collina d'Oro
Gandria
Lugano
Melide

LANZO D'INTELVI

Lanzo d'Intelvi ist das wirtschaftliche und kulturelle Z**entrum des Valle d'Intelvi** und liegt durchschnittlich auf etwa 950 m Meereshöhe. Die beiden Hauptgemeinden sind Lanzo und der 1928 eingemeindete Ortsteil Scaria. Lanzo entwickelte sich bereits im Verlauf des 19. Jahrhunderts zu einem touristischen Zentrum. In dem sehr weitläufigen Ort verbringen betuchte Milaneser gerne ihre Freizeit, was sich in einer Vielzahl von Sportmöglichkeiten und zahlreichen prächtigen Villen, teilweise aus dem 19. Jahrhundert, zeigt. Die Entfernung nach Mailand beträgt nur 78 km, nach Como sind es 36 km, nach Lugano 24 km und 10 km nach Campione d'Italia. Im Ortsteil **Scaria**, der sich mehr als Lanzo seinen mittelalterlichen Kern bewahrt hat und sich um die Kirche Santa Maria herum gruppiert, liegt der Ursprung der weit verzweigten Künstlerfamilie Allio, die zwischen dem 16. und 19. Jahrhundert zahlreiche Stuckateure, Baumeister, Bildhauer und Steinmetze hervorgebracht hat, die im damaligen Österreich Werke hinterließen. Aus Scaria stammen auch der Baumeister-, Maler- und Handwerker-Clan Carlone sowie die Baumeister- und Architektenfamilie Spazio, die Werke in Österreich und Böhmen schufen. Um 1914 fertigte der Bildhauer Vittorio Novi aus Scaria den Marmorschmuck für die „Mahaiudthit Bridge" in Bangkok zu Ehren des 1910 verstorbenen thailändischen Königs Chulalongkorn und baute an der Ananta-Samagkhom-Thronhalle am selben Ort mit.

Lanzo ist berühmt für die ***Aussichtsterrasse am Monte Sighignola*** (1 302 m), der wegen seiner atemberaubenden Fernsicht auch der ***Balkon Italiens*** genannt wird. Hier genießen zahlreiche Touristen die Fernsicht auf den Luganersee und die Nachbarseen, das Voralpenland in wechselndem Farbspiel und die schneebedeckten Bergketten der Alpen.

FUNICOLARE LANZO D'INTELVI SANTA MARGHERITA

Die Standseilbahn Lanzo d'Intelvi-Santa Margherita verband Lanzo d'Intelvi über eine sehr steile, 1 330 m lange Abfahrt, die nahezu eine 90-Grad-Kurve beschrieb, mit der Seeufergemeinde Santa Margherita, einem Ortsteil von Valsolda. Sie überwand dabei 607 Höhenmeter und Steigungen von bis zu 66 %. Die Bahn wurde am 28. September 1907 eröffnet und verkehrte - mit kriegsbedingten Unterbrechungen - bis zum 19. September 1977, als das Unternehmen wegen chronisch leerer Kassen aufgeben musste. Gründer des Unternehmens war Carlo Carnevali, Betreiber des damals schon existierenden Hotels Belvedere - ein wichtiger Impulsgeber des Tourismus in Lanzo d'Intelvi. Seit einigen Jahren bemüht sich ein Gremium aus Vertretern der Gemeinde Lanzo und aus der Umgebung, das Bähnchen wiederzubeleben. 2012 ging das Bahngelände in den Besitz der Region Lombardei über, die zusicherte, es werde in öffentlicher Hand bleiben. Derzeit werden Wirtschaftlichkeits- und Sicherheitsstudien durchgeführt. Sowohl die Talstation neben der Kirche von Santa Margherita als auch die Bergstation am Monte Sighignola sind im Inneren im Jugendstil ausgestaltet. Die letzte große öffentliche Besichtigungstour fand zur 100-Jahr-Feier 2007 statt - ansonsten sind Besichtigungen derzeit leider nicht möglich. Geschichte der Standseilbahn (ital.): www.clubtrenibrianza.it/funicolari/funicolari_lanzo.htm.

REGIONALGESCHICHTE

Erste Zeugnisse menschlicher Aktivität hinterließen im Valle d'Intelvi schon um 6 000 v. Chr. steinzeitliche Jäger und Sammler. Sie bearbeiteten „massi cupelliformi" - massive Granitblöcke mit eingeschnittenen Vertiefungen -, vermutlich am Rande ihrer Wander- und Tauschhandelspfade. Ob die bearbeiteten Felsstücke einfache Kultstätten oder Einrichtungen zur Nahrungszubereitung waren, diskutiert die ur- und frühgeschichtliche Fachwelt. Auf keltische Besiedlung deuten Überreste des Castelliere del Caslè, die sich etwa auf 1.000 v.Chr. datieren lassen. Aus gallisch-römischer Zeit, etwa aus dem 1. Jh. v.Chr., stammen Gräber in Schignano, Erbonne und Pellio Superiore. Das strategisch bedeutende Tal zwischen dem Luganer- und dem Comer See war zur Römerzeit ein Außenposten der befestigten Stadt Como. Im Tal entstanden ländliche Gemeinden, die im Zeitalter der Feudalherrschaft Tyrannen-Regimes gehorchten. Unter anderem herrschten die Adelsfamilien Rusca, Vittani, Mariani und Riva Andreotti bis zur Regierungszeit der österreichischen Kaiserin Maria Theresia, als die Gegend unter österreichische Herrschaft fiel. Die Gemeinde Lanzo, damals noch „Lanzio", wurde bereits in den Statuten von Como 1335 zur Pfarre Intelvi gerechnet. Zunächst (1451-1570) war Lanzo der Feudalherrschaft der Familie Rusca unterworfen, danach den Mariani (1583 - 1713), später den Riva Andreotti. Gut dokumentiert ist der Aufstand des Valle d'Intelvi zur Zeit der Märzrevolution im 19. Jahrhundert. Andrea Brenta, der Anführer der Rebellen, ließ sich von dem Freiheitskämpfer und Demokraten Giuseppe Mazzini (1805 - 1872) inspirieren, der sich längere Zeit in Lanzo aufgehalten hatte. Mazzinis Idee war es, Italien zu einen und es, notfalls mit revolutionären Mitteln, zu einer Republik umzuwandeln. Noch heute erinnert ein Gedenkstein im Dorf Dizzasco an die „Intelvischen Thermopylen" in Anspielung auf eine besonders vernichtende Schlacht der Antike. 400 österreichische Soldaten schlugen die Aufständischen blutig nieder. Andrea Brenta wurde am 11. April 1849 in Camerlata bei Como hingerichtet. Nach der nationalen Einigung Italiens 1865, bekam Lanzo erstmals einen eigenen, selbst gewählten Gemeinderat. Der wachsende Tourismus brachte Aufschwung in die Region, sodass der Ort von 1865 bis 1911 seine Einwohnerzahl auf 1 025 verdoppeln konnte. Mittelalterliche Traditionen leben noch heute in den Festen in Lanzo weiter. So wird alljährlich am letzten Januar-Wochenende das Fest der „Beata Vergine di Loreto" (Hl. Jungfrau von Loreto) gefeiert. Zu diesem dreitägigen Jahrmarkt finden sich Einwohner und Urlauber gleichermaßen gern ein: Von Prozessionen über Band-Auftritte bis hin zu Versteigerungen wird dort alles geboten, was das Herz begehrt. Ein echtes Mittelalter-Festival mit stilecht gewandeten Menschen und allerlei Wettspielen ist der „Palio delle Contrade". Historische Kostüme und geschnitzte Masken sieht man beim Carnevale di Schignano (22020 Schignano, jährlich am Fastnachtssamstag und -dienstag). Bei den sommerlichen Kurzfilmfestivals „Festa dei Cuurt" in Scaria und „Lanz Cume Serum" in Lanzo spielen Aufnahmen von Kunst und Handwerk vergangener Zeiten eine große Rolle.

DIE **WILDEN PFERDE** VON **BISBINO**

Eine kleine Herde verwilderter Haflinger, jene bekannten hellbraunen Kleinpferde mit meist blonden Mähnen und Schweifen, lebt in den Sommermonaten in freier Wildbahn an den Hängen des Monte Generoso. Ihr Winterquartier haben sie in einem Gehege in Lanzo, im Ortsteil Pian delle Noci. Um diese Herde, die aus etwa 25 Tieren besteht, rankt sich eine romantische Geschichte. Bis zum Jahr 2009 gehörte sie einem Bauern, der sie im Sommer frei am Monte Bisbino am Comer See weiden ließ. Als er starb, machte die Herde sich selbstständig und zog durch die Gegend, wobei sie sich, sehr zum Ärger ortsansässiger Bauern, von deren Feldern und Gemüsegärten bediente. Als die Pferde im besonders harten Winter 2009 gar einen Friedhof für ihre Mahlzeiten nutzten, beschloss man, sie abzuschießen. Das rief

Tierfreunde aus Italien und der Schweiz auf den Plan, die einen Verein zur Rettung der Pferde gründeten - die „Associazione cavalli del Bisbino". Vor Gericht erstritt sich der Verein das Besitzrecht an den Tieren, mit der Auflage, für von ihnen angerichtete Schäden aufzukommen und sie angemessen unterzubringen. So durften sie vom Monte Bisbino an den rund 30 km entfernten Monte Generoso umziehen. Das Wintergelände stiftete die Gemeinde Lanzo, die auch die Patenschaft für das im März 2011 in der Herde geborene Stutfohlen Stella übernommen hat. Jährlich Anfang Mai werden die Haflinger mit Hilfe vieler Freiwilliger von Lanzo d'Intelvi zu ihrer Sommerweide getrieben, im Herbst findet das umgekehrte Manöver statt. Dieser „Transumanza" genannte Almauf- bzw. abtrieb ist ein nicht ganz ungefährliches Spektakel, denn die Pferde galoppieren vor und zurück und versuchen immer wieder durch die Menschenkette durchzubrechen. Informationen (in ital. Sprache): www.cavallidelbisbino.ch

CHIESA PARROCCHIALE SANTI NAZARO *E* CELSO

Die Pfarrkirche der Heiligen Nazarius und Celsus, zweier zur Zeit Neros enthaupteten Märtyrer, befindet sich im Ortsteil Scaria. Ihre Ursprünge gehen auf das 7. bis 9. Jahrhundert zurück, als sich der christliche Glaube in der Region verbreitete. Mailänder Klöster errichteten ringsumher Kirchen auf Grundstücken, die ihnen gehörten. Die Kirche Santi Nazario e Celso muss man sich als ehemalige Wehrkirche mit einer runden Kapelle vorstellen. Im 11. Jahrhundert wurde sie im landestypischen romanischen Stil umgebaut. Der Campanile diente ursprünglich auch als Wachtturm. An der Südseite der Kirche befindet sich eine 1630 erbaute Säulenhalle, die eine ältere aus Holz ersetzte und die Pilger vor der Sonne schützen sollte. Auf dem an die Kirche angrenzenden Friedhof fand man Gräber und Gegenstände aus der spätrömischen Epoche. Außen wie innen wurde die Kirche, zeitgleich zu einer Erweiterung ab dem 16. Jahrhundert, mit farbenprächtigen Fresken ausgeschmückt. Der Name eines Malers ist durch eine Kritzelei an der hölzernen Sakristeitür verewigt: „Depingere incipitur a Petro: Die iovis 29. May 1516" - „Die Malerei wurde am Donnerstag, 29. Mai 1516, von Petro begonnen". Bislang konnte nicht geklärt werden, welcher Maler sich genau dahinter verbirgt. Die weit gereiste Künstlerfamilie Carloni aus Scaria war an der weiteren Ausgestaltung der Kirche im 18. Jahrhundert in großem Stil beteiligt: Diego Carlone (1674-1750) als Bildhauer und Stuckateur, sein Bruder Carlo Innocenzo Carlone (1686-1775) als Maler. Von Carlo Innocenzo Carlone, einem Wegbereiter des Rokoko, stammen Gemälde im Benediktinerkloster Weingarten, im Schloss Augustusburg in Brühl und im Breslauer Dom. Er und Diego dekorierten das Residenzschloss in Ludwigsburg mit.

CHIESA *DI* SANTA MARIA *DI* SCARIA

Auch die ursprünglich mittelalterliche Kirche St. Maria im Ortsteil Scaria wurde unter Beteiligung der lokalen Künstlerfamilie Carloni im 18. Jahrhundert neu gestaltet und prächtig ausgeschmückt. Diego Carlone, der

Stuckateur, und sein Bruder, der Maler Carlo Innocenzo Carlone, dekorierten und bemalten im Verlauf von knapp 40 Jahren (1712 bis 1750) Chor, Presbyterium, Hauptschiff und Seitenkapellen. Die elegante, mit Friesen verzierte Fassade entstand um 1741 und gilt als letztes Werk Diegos, der 1750 starb. Zwei Statuen am Portal stellen die örtlichen Schutzpatrone von Scaria, die Heiligen Nazarius und Celsus, dar. Über dem Giebel zieht sich über die ganze Fassade ein Fries mit Schmuckbändern, in die das Monogramm „DC" für Diego Carlone eingeflochten ist.

MUSEO DEI FOSSILI DEI MONTI INTELVESI

Im „Fossilienmuseum der Berge von Intelvi" sind bedeutende pflanzliche und tierische Fossilienfunde der Gebirgsumgebung von Lanzo ausgestellt. Die ältesten stammen aus einer Zeit vor rund 130 Millionen Jahren und wurden an der Fundstätte von Osteno ausgegraben, einer der wichtigsten Italiens. Zu sehen ist unter anderem Ostenocaris oder „ostenia cypriformis". Diese Urzeit-Krabbe ist die einzige erhaltene Vertreterin ihrer Art weltweit und wurde während der Grabungen in Osteno 1980 entdeckt. Die jüngsten Schaustücke des Museums sind etwa 12 000 Jahre alt. Das Museum entstand in Zusammenarbeit mit dem Museo di Scienze Naturali di Milano. Piazza Carloni 1. frazione Scaria. T +39 (0)31 840143 (Tourismusbüro). Geöffnet nach Vereinbarung, Eintritt frei.

MUSEO DELLO STUCCO E SCAGLIOLA INTELVESE

Das Stuck- und Scagliola-Museum ist in einem Haus aus dem 17. Jahrhundert untergebracht. Es ist der traditionellen, in der Antike entstandenen und später im Intelvi-Tal weiterentwickelten Kunst der Herstellung von Stuckmarmor gewidmet. Hier sind bewunderungswürdige Beispiele von Stuckmarmor-Intarsien (scagliola) zu sehen - eine aufwendige, besonders zur Barockzeit begehrte Handwerkskunst, bei der Gips, Pflanzen- und Mineralfarben eingesetzt wurden. Scagliola begegnet man in zahlreichen Kirchen des Valle d'Intelvi. Via Garibaldi 3. 22020 Cerano d'Intelvi. Im Sommer geöffnet an Feiertagen sowie an Tagen vor Feiertagen 15.30 Uhr bis 17.30 Uhr; für Gruppen auch nach Vereinbarung. Das Museum bietet Gratis-Führungen und handwerkliche Vorführungen.

MUSEO DIOCESANO DI ARTE SACRA

Das Diözesan-Museum für Kirchenkunst ist noch recht klein, wird jedoch nach und nach ausgebaut. Es zeigt sakrale Kunst aus dem Besitz von Kirchengemeinden und wohlhabenden Familien des Valle d'Intelvi und stellt auch Bearbeitungstechniken und Materialien vor. Kostbare Kelche, Kruzifixe in raffinierter Ausführung und zur Messfeier benötigte Objekte sind zu sehen und werfen ein Streiflicht auf die Frömmigkeit, die in früheren Jahrhunderten in der Region das ganze Leben bestimmte. Das Museum bietet Gratis-Führungen an. Piazza Carloni 8, frazione Scaria. T +39 (0)333 6337116, geöffnet Juni bis Sept. 15-19 Uhr.

MUSEO DELLA CASA CONTADINA

Das Bauernhausmuseum steht in Ponna, einer kleinen Gemeinde am Nordrand des Valle d'Intelvi, die auf das 13. Jh. zurückgeht. Generation für Generation wurde damals bäuerliches und handwerkliches Können und Wissen von Vater zu Sohn weitergegeben. Das Museum entstand mit Hilfe von Bürgern, die Gerätschaften, Möbel und Gebrauchsgegenstände spendeten, um den heutigen Gästen einen lebendigen Eindruck vom Landleben vergangener Zeiten zu verschaffen. Das Haus ist wie ein echtes Bauernhaus aus der Zeit der Wende vom 19. zum 20. Jh. eingerichtet. Gratis-Führungen werden angeboten. Via Vittorio Veneto, Ponna. T +39 (0)31 267494, geöffnet nach Vereinbarung.

MUSEO DELLA CIVITÀ CONTADINA

Das „Museum der bäuerlichen Gesellschaft", das kostenlose Führungen anbietet, ist in einem sorgfältig restaurierten alten Bauernhof aus graubraunem Stein mit schweren Dachbalken untergebracht. Engagierte Bürger haben Objekte des alltäglichen Lebens der Bauern für das Museum „gerettet" und zusammengetragen, darunter Kurioses wie ein uraltes Fahrrad und eine Jahrzehnte alte Damenhandtasche. Piazza Vittorio Veneto 1, Casasco d'Intelvi. T +39 (0)31 817812, geöffnet nach Vereinbarung.

PICCOLO MUSEO DELLA GUARDIA DI FINANZA

Dieses kleine Zoll- und Schmuggelmuseum, das im Seedialekt auch „Burlanda e Sfrusaduu" genannt wird, wurde 2002 in einem alten Wachhäuschen der ‚Guardia di Finanza' untergebracht, das bis 1977 in Betrieb war. Das Häuschen steht am Anfang eines von Schmugglern zwischen Italien und der Schweiz viel genutzten Pfades, der in nur 20 Gehminuten von Erbonne zum Valle di Muggio auf Schweizer Gebiet führt. Für Besuchergruppen wird das Museum nach Vereinbarung geöffnet. San Fedele Intelvi, località Erbonne. T +39 (0)333 2384179.

SPORT IN LANZO D'INTELVI

Viele Sportmöglichkeiten bieten sowohl Lanzo als auch Scaria. Direkt im Zentrum Lanzos an der Viale Poletti können während der Sommersaison Tennis, Ping-Pong, Boccia und Fußball im Fünferteam, abends sogar bei Flutlicht, gespielt werden. Fußballturniere finden im Ortsteil Pizzarera statt. Einen herrlichen 9-Loch-Bergparcours, der 1962 von Donald Harradine angelegt wurde, bietet der Golf Club im Ortsteil Piano delle Noci. Die durchschnittlich 1 000 m hoch gelegene Strecke ist, in zwei Durchgängen gespielt, 5 094 m lang, mit Par 68. Als besonderes Extra sind dort einige steinzeitliche „massi capelliformi" zu sehen. Der Platz ist von Juni bis September täglich, außer montags, geöffnet. Gäste können gegen ein Greenfee ab 25 € (Nebensaison, kein Feiertag) spielen. Golf Club Lanzo Località Piano delle Noci. 22024 Lanzo d'Intelvi. T +39 (0)31 839060. www.golflanzo.it. Während der Wintersaison stehen Skipisten am Monte Sighignola zur Verfügung - allerdings sind diese in den letzten Jahren wenig schneesicher. Die meisten Wintergäste bevorzugen den Monte Tamaro. Im Sommer wird Grasski auf internationalem Niveau geboten. Für Skilangläufer wird im Winter eine 5 km lange, wechselnde Rundloipe abgesteckt. Reiten ist auch für Gäste leicht möglich, es gibt zahlreiche Plätze vor Ort. Für Mountainbiker stehen schöne Strecken auf den ehemaligen Maultierpfaden entlang der Linea Cadorna zur Verfügung.

AUF DEN **SPUREN** *DER* **LINEA CADORNA**

Während des 1. Weltkrieges wurde auch durch das Valle d'Intelvi hindurch eine große militärische Befestigungsanlage errichtet, genannt „Occupazione Avanzata Frontiera Nord" (OAFN), auf Deutsch etwa „Erweiterte besetzte Nordgrenze", besser bekannt als Linea Cadorna. Die nach Generalfeldmarschall Luigi Cadorna (1850-1928) benannte Befestigungsanlage besteht aus Schützengräben, Saumpfaden und Gefechtsstationen und folgt in mehreren Abschnitten ungefähr dem Verlauf der heutigen italienisch-schweizerischen Grenze. Ein bedeutender Teil dieser Anlage, die nach und nach von der Region Lombardei restauriert wird, befindet sich an den Hängen des Monte Generoso und ist teilweise durch einen „Percorso delle trincee" (Schützengraben-Wanderweg) erschlossen.

Das Wanderwegenetz wird nach und nach ausgebaut. Erhalt und Erschließung der lange vernachlässigten Festungsanlage für die heutige Zeit verleiht dieser eine neue Rolle als Mahnmal an den Krieg und als Anerkennung der Leistungen der Erbauer, die auch Zivilisten aus den Orten des Umlandes waren. Der Sektor Ceresio-Lario der Linea Cadorna ist rund 80 km lang, reicht zwischen dem Luganer- und Comer See von Como nach Menaggio und berührt das Valle d'Intelvi. Im Verteidigungsfall sollte dieser Teil der Befestigungsanlage das Bombardement des Seedamms von Melide - als dem wichtigsten Verkehrsknotenpunkt nach Lugano - ermöglichen. Vom Monte Sighignola aus konnte man die Besetzung des Monte Generoso koordinieren. Zwischen Porlezza und Menaggio wurden die Berge vom Monte Galbiga bis zum Monte Croce als natürliche Verteidigungslinie als ausreichend betrachtet. Im Valle d'Intelvi wurde die Verteidigungslinie vorwiegend mit klein- und mittelkalibrigen Geschützen ausgestattet. Großkalibrige Geschütze fanden nur an ausgesuchten Stellen, beispielsweise am Monte Sighignola und Monte Galbiga, Platz.

FESTUNGS-WANDERUNG *BEI* **LANZO D'INTELVI**

Eine kurze Festungswanderung am Fuß des Monte Generoso, der zwölf markante Punkte der Linea Cadorna berührt, führt über den Sasso Bové (1 015 m) zum Barco di Montoni (1 350 m). Der Weg verläuft in Serpentinen zwischen dem Valle dell'Inferno und dem Valle di Gotta. Schon kurz hinter dem Start kann man in den ersten Schützengraben, die gekurvte „Trincea Sasso Bové", eintreten. Eine kurze Wegstrecke weiter gibt es eine „Trincea con galleria" - einen Schützengraben mit Tunnel - zu erkunden.

Einige militärische Bauten entlang des Pfades, darunter eine Baracke und ein großer Kommandoposten, sind dem Publikum zugänglich. Startpunkt der Wanderung ist die Zollstation Dogana di Val Mara (840 m, gekennzeichnet durch Flagge und Pfeile), die von Lanzo aus in Richtung Arogno/Campione d'Italia angesteuert werden kann. Die Rückkehr zur Dogana di Val Mara ist über die Alpe Gotta (1 250 m) möglich, vorbei an den uralten Bäumen „Foo di Bait" und „Foo di Parol". Informationen zu dieser und weiteren Wanderungen: Ente Regionale per i servizi all'agricoltura e alle foreste (ERSAF) Via Pola, 12. 20124 Milano. T +39 (0)2 674041. www.ersaflombardia.it.

UNTERKÜNFTE

(1) ***Camping Pian delle Noci*** Pradale 2, T +39 (0)31 839100. www.campingpiandellenoci.it. 160 Stellplätze, ab 6 €/Person, behindertengeeignet, Minimarkt, Haustiere erlaubt, Parkplatz. (2) ***Hotel Funicolare Tesoro*** Via Poletti 30. T +39 (0)31 830996. www.hotelfunicolare.it. 59 Zi., 118 Betten, ab 60 €, behinderten- und gruppengeeignet, Restaurant, Bar, Haustiere erlaubt, Internet, Parkplatz, Fahrdienst, Garten, Solarium, Tennis, Reiten, Golf. (3) ***Hotel Belvedere*** Via Poletti 27. T +39 (0)31 840122. www.albergobelvedere.it. 30 Zi., 66 Betten, ab 60 €, behinderten- und gruppengeeignet, Restaurant, Bar, Parkplatz, Garage, Fahrdienst, Garten. (4) ***Hotel Milano*** Via Martino Novi 26. T +39 (0)31 840119. www.hotelmilanolanzo.com. 28 Zi., 53 Betten, ab 55 €, gruppengeeignet, Restaurant, Bar, Parkplatz, Garage, Tagungsmöglichkeit, Garten. Hotel Rondanino Via Rondanino 1. T +39 (0)31 839858. www.rondanino.it. 14 Zi., 25 Betten, ab 53 €, gruppengeeignet, Restaurant, Bar, W-LAN, Haustiere erlaubt, Parkplatz, Fahrdienst, Garten, Reiten. (5) ***Hotel Zocca*** Viale Poletti 43. T +39 (0)31 840118. www.sistemalagodicomo.it. 16 Zi., 25 Betten, ab 40 €, behinderten- und gruppengeeignet, Restaurant, Bar, Garten, Skilift in der Nähe. (6) ***Le Conifere*** Pradale 3. Frazione Pian delle Noci. T +39 (0)31 839080. www.centroleconifere.com. 24 Zi., 48 Betten, ab 40 €, gruppengeeignet, Restaurant, Bar, Haustiere erlaubt, Parkplatz, Garten, Reiten

ESSEN *UND* TRINKEN

(1) ***Belvedere*** Viale Poletti 27. T +39 (0)31 840122. www.albergobelvedere.it. 150 Plätze, davon 50 außen, behindertengeeignet, Parkplatz, Mo. geschl. Klassische italienische Küche. (2) ***Crotto Dogana*** Viale Campione d'Italia 30. T +39 (0)31 841436. 200 Plätze, davon 50 außen, behindertengeeignet, Parkplatz, Di. geschl. Typische regionale Küche, Polenta, Schmorgerichte, Wild, Meeresfische. Spezialität des Hauses: Hirschfilet mit Kastanien. (3) ***Funicolare Tesoro*** Viale Poletti 30. T +39 (0)31 840617. www.albergofunicolaretesoro.it. 700 Plätze, davon 300 außen, behindertengeeignet, Parkplatz, Mo. geschl. Spezialitäten aus Apulien, Fischgerichte, reichhaltiges Buffet. (4) ***Milano*** Via Martino Novi 26. T +39 (0)31 840119. www.hotelmilanolanzo.it. 180 Plätze, davon 50 außen,

behindertengeeignet, Parkplatz, Mi. geschl. (5) **Ranch Augusto** Via Paraviso 30. T +39 (0)31 841369. 50 Plätze (nur innen), behindertengeeignet, Parkplatz, Mo. geschl. Regionaltypische Küche. Spezialitäten: Hausgemachte Antipasti, Polenta mit Hirschfleisch, Polenta uncia, Carpaccio, Gerichte vom Grill. (6) **Rondanino** Via Rondanino 1. T +39 (0)31 839858. www.rondanino.it. 150 Plätze, davon 80 außen, Parkplatz, Mi. geschl. (6) Zocca Viale Poletti 43. T/F 031 840118. www.sistemalagodicomo.it. 100 Plätze, davon 30 außen, Parkplatz, durchgehend geöffnet April-Sept. Typische Küche der Lombardei, Gnocchi, hausgemachte Süßspeisen.

MONTE GENEROSO - 360° PANORAMA *VOLLER* **SCHÖNHEIT**

„Großzügiger Berg" lautet die deutsche Übersetzung des 1 704 Meter hohen Monte Generoso - und auf seine Weise zeigt sich dieser Berg in der Tat gönnerhaft. Dem Besucher bietet er eine einzigartige Aussicht in jede Himmelsrichtung, reichlich Natur sowie zahlreiche Freizeitmöglichkeiten. Liebhaber von Zahnradbahnen werden ebenso bestens bedient, mit ihr lässt sich der Berg in 40-minütiger Fahrt mit Endstation auf der Kulm (ital.: Vetta) bequem erklimmen. Von dort sind es zur Bergspitze nur noch 10 Gehminuten. Über den Monte Generoso verläuft die schweizerisch-italienische Grenze, was hier aber eine untergeordnete Rolle spielt. Die einmalige Naturlandschaft ist grenzüberschreitend und länderverbindend. Vom Gipfel blickt man weit auf die Seen von Lugano, Como, Varese und Maggiore. Auch Lugano und die Po-Ebene mit Mailand sind zu sehen. In der Dunkelheit präsentiert sich dem Betrachter ein einzigartiges Bild, dann zeigen sich Lugano sowie die norditalienischen Orte mit ihrer Beleuchtung in selten gesehener Schönheit.

Der Monte Generoso lässt keine Langeweile aufkommen und der Berg hält beinahe für jeden die richtige Freizeitbeschäftigung bereit. Wanderer können auf Routen mit 51 Kilometer Gesamtlänge und verschiedenen Schwierigkeitsgraden die herrliche Bergwelt erfahren. Die Bärenhöhle gilt als besondere Attraktion, nicht nur für Paläontologen und Speläologen (Höhlenforscher). Sie ist in 30 Minuten von der Kulm über einen bequemen Pfad zu erreichen und liegt auf italienischem Staatsgebiet. Entdeckt wurde die Höhle 1988 - und mit ihr ein wahrer Schatz für die Wissenschaft: Knochenfunde von mehr als 500 Höhlenbären. Sie lebten hier vor 30 000 bis 50 000 Jahren. Die andauernden Ausgrabungen bringen ständig mehr Funde ans Licht. Mit etwas Glück können Besucher die Arbeit der Forscher beobachten. Am Gipfelrestaurant sind die Öffnungszeiten angeschlagen.

Wer lieber in die Weiten des Universums vordringen möchte, kann dies im Observatorium tun. Nicht nur die fantastische Sternenwelt über den Alpen kann betrachtet werden, mit einem der modernsten und stärksten aller öffentlichen Teleskope in der Schweiz lassen sich auch tagsüber die Sonne und alle ihre Aktivitäten beobachten. Sehr interessant sind die sichtbaren Sonnenflecken sowie alle Eruptionen und Explosionen, die sich in mehreren zehntausend Kilometer hohen Flammen aus glühendem Material zeigen. Natur- und Sportfetischisten werden den Klettersteig bevorzugen. Der Pfad startet bei 1 700 Meter und dauert ca. 3 Stunden. Achtung: Es sollten ihn nur Personen nutzen, die trittsicher und schwindelfrei sind. Der Schwierigkeitsgrad liegt bei einfach bis mittelschwer. Mountainbike-Fahrer kommen ebenso auf ihre Kosten. Eine wunderbare Aussicht sowie ungewohnte Stille bieten den Reiz des Radfahrens auf dem Monte Generoso. Wer nicht sein eigenes Mountainbike mitbringt, kann Räder bei der Talstation der Monte- Generoso-Bahn in Capolago oder der Zwischenstation Bellavista mieten.

Eines der größten Erlebnisse und Abenteuer ist das Paragliding vom Monte Generoso aus. Der Abflugsort ist neben dem Pinienwald, gleich neben dem obersten Streckenstück der Zahnradbahn. Die Landestelle liegt auf einem Fußballplatz neben dem neuen Sportzentrum von Riva San Vitale. Von der mit einem Windsack markierten Landungsstelle bis zur Monte Generoso-Bahn sind es 5 Minuten zu Fuß. Eine weitere Besuchergruppe des Monte Generoso dürfte das alles weniger interessieren: Freunde der Eisenbahn, allen voran der Zahnradbahn. Die Ferrovia Monte Generoso S.A., so ihr Name, startet von Capolago am Luganer See. Die Schmalspurbahn ist die einzige typisch schweizerische Zahnradbahn südlich der Alpen. Betriebszeit ist von April bis Oktober. Mittwochnachmittags ist die Fahrt preisgünstiger. Die Bergstation Generoso-Vetta liegt auf 1 605 Meter direkt an der Landesgrenze. Die Geschichte der Zahnradbahn ist bewegend: 1890 ging das damalige Wunderwerk der Technik in Be-

trieb. Eine eigens für den Bergbetrieb angefertigte Dampflok schob die Waggons die 22-prozentige Steigung hinauf. 1940 drohte aus Mangel an Kapital das Aus des Betriebs. Migros-Gründer Gottlieb Duttweiler setzte sich für den Erhalt der Schmalspurbahn ein und rettete sie 1941 durch Übernahme. In den fünfziger Jahren lösten Diesel-Triebwagen die alten Dampfmaschinen ab. Erst 1982 wurde die Trasse elektrifiziert. Sonderfahrten mit Nostalgiezügen sind der Höhepunkt für Eisenbahnromantiker. Eine Dampflokomotive mit Original-Waggons aus dem Jahr 1890, übrigens der älteste betriebsbereite Zug in der Schweiz, und ein anderer Schienenklassiker von 1950 fahren die steile Bergstrecke auf den Kulm. Wer die Fahrt mit der Dampflokomotive wählt, muss Zeit mitbringen: Eineinhalb Stunden dauert die steile Reise. Die Dieselversion von 1950 schafft den Aufstieg in etwa 45 Minuten. Mehr Informationen unter www.montegeneroso.ch.

RIVA SAN VITALE

Der südliche Teil des Luganer Sees gabelt sich an der Punta di Poiana in zwei Arme. Der westliche bildet die linke Seite des „U" um die Halbinsel Ceresio herum, der östliche ist kurz und gerade und endet bei Capolago und Riva San Vitale. Das kleine Städtchen blickt auf eine lange Geschichte zurück: Dort lebten schon in der vorchristlichen Zeit Etrusker. Die Römer nannten den Ort etwas später Vicus Subinates - Subinates wird als Name des damals dort lebenden Volkes interpretiert. Die Bewohner von Riva San Vitale taten sich in der Folgezeit als Rebellen hervor. 1798 wollten sie gar eine eigene Republik ausrufen, allerdings verlief das Unternehmen nach wenigen Wochen im Sand. Der Kanton Tessin wurde dann ohnehin 1803 gegründet - und der erste Präsident des Kantonalsparlaments war ein Kirchenmann aus Riva San Vitale: Don Gottardo Zurini.

Riva San Vitale, zu Füßen des Monte San Giorgio mit seinen Urzeitfunden und gegenüber dem mächtigen Monte Generoso, gehört zur Region Mendrisiotto. Die Stadt hat besondere Bedeutung für die Christianisierung des Gebietes, das heute die Schweiz ist. Denn hier steht das älteste noch erhaltene christliche Bauwerk des Landes, das ***Baptisterium San Giovanni***. Erbaut im 5. Jahrhundert, ist der Sakralbau, der einst der Taufe Erwachsener diente, so klein, dass man ihn eine Weile suchen muss. Man findet ihn im Hof der viel größeren Kirche San Vitale (Via Settala; beide Bauwerke geöffnet Mo-Do 8-17 Uhr) aus dem 16. Jahrhundert. Schon früh war er mit dem nicht mehr vorhandenen Vorgängerbau der Chiesa San Vitale durch einen Gang verbunden. Die Apsis an der Ostseite stammt aus der Zeit Karls des Großen. Im Innenraum des Taufkirchleins

steht ein gigantisches Taufbecken, das aus einem einzigen Steinblock geschnitten wurde. Es misst im Durchmesser fast zwei Meter und ist, mit einem Entstehungszeitraum um 1200, viel jünger als die Kirche. Ein älteres, etwa 60 cm tiefes Becken, in das der Täufling über zwei Stufen hinabsteigen musste, befindet sich darunter. Fünf Schichten verschiedener Fußbodenbeläge sind erhalten, deren ältester aus schwarzem und weißem Marmor gefliest ist. Original-Fresken aus dem 12. Jahrhundert zieren die Wände, darunter eine Geburt Christi, eine Himmelfahrt und das Jüngste Gericht. Von der Pfarrkirche aus führt eine schnurgerade Allee zur Chiesa San Rocco (Via G. Motta) aus dem 18. Jahrhundert. Am Anfang des Weges erhebt sich die schön restaurierte Villa Maderni, Herberge des europäischen Sitzes der US-amerikanischen Universität „Virginia Tech".

Die auf einem Hügel in Blickrichtung des Monte San Giorgio liegende Kirche ***Tempio di Santa Croce*** mit Glockenturm und großer Kuppel (erbaut gegen Ende des 16. Jahrhunderts durch die ortsansässige Familie Della Croce; Via Santa Croce; geöffnet April-Okt. täglich 9-18 Uhr) und das Renaissance-Rathaus mit Innenhof und Arkaden (palazzo comunale; Piazza Grande) sind weitere Sehenswürdigkeiten von Riva San Vitale. Eine weitere „Hinterlassenschaft" der Familie della Croce ist die Casa Houck aus dem 16. Jahrhundert, gelegen an der Piazza Valleggio. So manches Kind aus grauen Städten des Nordens wird neidisch blicken: Der alte Palazzo mit wunderschönem Innenhof ist heute eine Schule. Der mittelalterliche Ortskern ist reich an Details und steht komplett unter Denkmalschutz. Doch modern bauen geht auch: In Riva San Vitale baute der renommierte Architekt Mario Botta (*1943 in Mendrisio) seine ersten Häuser, wie die Casa Bianchi am Ortsausgang (Via Fomeggio 6). Der Mitbegründer der so genannten Tessiner Schule in den 1970er Jahren schuf Bauten wie die Spielbank in Campione d'Italia, die Stadt- und Landesbibliothek Dortmund, das San Francisco Museum of Modern Art und die Banca di Gottardo in Lugano. Von seinem Kollegen Giancarlo Durisch (*1935) stammen unter anderem die Medienschule (Via Vincenzo Vela 6) und ein Wohnhaus mit Studio (Via dell'Inglese 3 a). Riva San Vitale bietet ein ganzjährig geöffnetes, beliebtes ***Strandbad*** (Lido; junge Leute unter 18 haben freien Eintritt) und zahlreiche Wanderwege in die Umgebung und die Berge.

UNTERKÜNFTE

(1) ***B&B da Rita*** 3 Zi., ganzjährig geöffnet, ruhig, Parkplatz. Via San Giorgio 1. T +41 (0)91 6482486. (2) ***Albergo Ristorante Chery*** Familienfreundliches, behindertengeeignetes Hotel/Restaurant, ganzjährig geöffnet. Piazza Grande 4. T 091 648 38 00.

ESSEN** UND **TRINKEN

(1) ***Grotto Pojana*** Klassische italienische Küche und Spezialitäten der Region und des Sees, Parkplatz. 01.11.-31.03. geschl. Via Pojana. +41 (0)91 649 74 31. (2) ***Osteria Caffè Sociale*** Via dell'Indipendenza 7 (mit Parkplatz). T +41 (0)91 648 17 89. www.ristorantesociale.ch. (3) ***Osteria San Giorgio*** Piazza Grande 17 (kein Parkplatz). T +41 (0)91 648 11 80.

VICO MORCOTE

Vico Morcote ist wegen des gut erhaltenen, alten Ortskerns ein beliebtes Ausflugsziel. Arkaden und enge Gassen mit Häusern aus dem 17. und 18. Jahrhundert bieten einen unvergesslichen Anblick. Vico Morcote verfügt über einen kommunalen Hafen. 1422 erhielt Morcote Privilegien der Mailänder Herzöge und damit eine eigene Gerichtsbarkeit. Der alte Gerichtssaal in Vico Morcote (***Sala della giustizia***) ist mit Fresken geschmückt. Vico Morcote beherbergt in einer liebevoll restaurierten Villa das Istituto Internazionale di Architettura (Internationales Architektur-Institut; Portic da Süra 18) mit Ausstellungsräumen, einem Restaurant und Tagungsräumen. Vico Morcote ist Startpunkt verschiedener Bergwanderwege, z.B. nach Morcote (40 min.), Melide (1 h 30 min.) und Alpe Vicania (1 h 05 min.). Ein Sinnespfad, der ***Sentiero dei Sensi***, im Ortsteil Colombaio lädt zum Schnuppern, Ertasten, Hören und Berühren verschiedener regionaler Naturerscheinungen während eines gemütlichen Spaziergangs ein.

Die wunderschön restaurierte ***Chiesa parrocchiale dei Santi Fedele e Simon*** befindet sich, von Melide aus betrachtet, direkt am Ortseingang. Sie steht etwas abseits des Dorfes auf den Überresten einer Vorgängerin aus dem 11. Jahrhundert, deren Glockenturm mit baulichen Änderungen bis heute erhalten ist. Die Barockfassade stammt vom Ende des 17. Jahrhunderts. Zu jeder Seite des Kirchenschiffes finden sich zwei Kapellen, den Chor krönt eine achteckige Kuppel. Die Fresken im Chor entstanden 1627. Den Eingang zur Sakristei ziert ein sehr altes, aus Stein gemeißeltes Triptychon, das die thronende Madonna mit Kind, St. Johannes den Täufer und den Märtyrer St. Fidelis in Soldatenkleidung mit Palmzweig zeigt.

UNTERKÜNFTE

(1) ***Swiss Diamond Hotel Lugano*** 84 Zimmer und Suiten, behindertengeeignet, Raucherbereich, 3 Restaurants, Bar, Sonnenterrasse, Innen- u. Außenpool, Poolbar, Wellnesscenter, Tagungsräume, W-LAN, Shuttleservice nach Lugano, kleine Haustiere gegen Aufpreis erlaubt, kostenlose Gästeparkplätze. (2) ***Riva Lago Olivella*** 6921 Vico Morcote. T +41 91 735 00 00 (aus der Schweiz gratis 0800 735 00 00), www.swissdiamondhotel.com/de. (3) ***Residenza Colombaio*** Ruhige Ferienwohnung mit Seeblick, überdachte Terrasse, Kamin, modern möbliert, Parkplatz, Außenpool im Sommer, öffentl. Strand, 2 km bis Swissminiatur, Haustiere erlaubt. Via Riva Lago. 6921 Vico Morcote Lago. T +41(0)79 4230145. info@ferienparadise.com.

ESSEN UND TRINKEN

(1) ***La Sorgente*** In derselben alten Villa wie das Architektur-Institut untergebracht. Kreative Küche mit saisonalen Produkten der Region, Tessiner Rindfleisch, Felchen, Kastanien- und Maisgerichte. Terrasse mit Quelle, feine Tessiner und italienische Weine. Geschlossen: Mo. und Di. (Juni-Aug.: Mo. ganztägig, Di.- und Sa.-Mittag). Ristorante La Sorgente Portic da Süra 18. 6921 Vico Morcote. T 091 996 23 01. ristorante@lasorgente.ch. www.lasorgente.ch.

MALCANTONE

Der Malcantone: ***Die Tessiner Hügellandschaft lockt mit üppiger Natur und erholsamer Ruhe***. Über terrassiertes Gelände erstrecken sich der untere, der mittlere und der obere Malcantone mit seinen 18 malerischen Ortschaften. Ein Eldorado für Wanderungen und Mountainbike-Touren. Der Ursprung des Namens „Malcantone" ist nicht exakt bestimmt. Es gibt verschiedene Erklärungen: Eine besagt, dass die Bevölkerung gegenüber dem Bischof widerspenstig und aufmüpfig gewesen sei („malus angulus"). Eine andere, der Malcantone habe Verbrechern und Flüchtlingen Unterschlupf geboten. Nahe liegt auch die Verbreitung von Hammerschmieden (italienisch „magli") und Mühlen („mahlender Kanton"). Bei näherer Betrachtung der Landschaft trifft alles zu. Egal, was die Geschichte dieser Region bedeutet: Wer Abwechslung und Entschleunigung zum rasanten Alltagsleben sucht, ist in der Hügellandschaft voller Natur- und Kulturschätze im Nordwesten Luganos richtig. Und wer sich nach Natur mit Vogelgezwitscher und dem Plätschern eines Bergbaches sehnt, sollte sich diesem Ziel am besten entspannt mit dem Zug und dem Postbus nähern.

Von Lugano aus startet man mit der ***Lugano-Ponte-Tresa-Bahn***, kurz FLP. Es gibt am Hauptbahnhof eine eigene Haltestelle, da der orange-weiß-farbene Zug auf schmaler Spur rollt. Die 1912 unter dem Namen Soscietà Ferrovie Luganesi (FL) eröffnete Bahn fährt bis Ponte Tresa, doch Malcantone-Besucher müssen nach knapp zehn Kilometern in Magliaso in den Postbus der Linie 425 umsteigen. Am Fuß des Malcantone kann man gar nicht glauben, dass diese Hügellandschaft besiedelt ist. Man sieht nur Wald und wildwucherndes Grün. Die „425" endet in Novaggio. Von hier startet der Rundwanderweg „***Il sentiero delle meraviglie***", der „***Weg der Wunder***". Dieser gut ausgeschilderte Rundweg führt an vielen Sehenswürdigkeiten vorbei. So trifft man auf eine funktionierende Hammerschmiede mit Wasserrad am Fluss Magliasina. Sie wurde 1951 durch Hochwasser teilweise zerstört, danach wieder aufgebaut. Weiter zeugen Burgruinen, Getreidemühlen, Erzminen, Brennöfen zur Produktion von Ziegeln von vergangener und gegenwärtiger Zivilisation, einer Zivilisation, die um das Überleben kämpft. In den Dörfern stehen immer wieder Häuser zum Verkauf. In Aranno beispielsweise gibt es weder ein Postamt, ein Geschäft noch Essen und trinken. Trotzdem funktioniert die Infrastruktur - oder noch: So verkehrt stündlich die Bus-Linie 425 zwischen Novaggio und Magliaso.

Doch wer den Malcantone besucht, möchte nicht groß über hiesige Probleme nachdenken, auch wenn es angebracht wäre. Irgendwann könnte das Leben die malerischen Ortschaften verlassen und die Dörfer in lost places verwandeln. Einen Abstecher lohnt Astano. Berühmtes Kind dieses

Ortes ist Domenico Trezzini, der 1670 das Licht der Welt erblickte und es bis zum Hofarchitekten von Zar Peter I. brachte. So schuf er in der neuen Hauptstadt Sankt Petersburg neben zahlreichen anderen repräsentativen Bauten die Festung Kronstadt, den Sommerpalast von Peter I. und die Peter-und-Paul-Kathedrale. Astona lädt aber auch mit seinem historische Hotel Albergo della Posta zum Verweilen ein. Wer nicht in Novaggio aussteigen will, kann mit dem Bus der Linie 427 nach Migliegia am Fuß des Monte Lema (1 620 m) fahren. Auf den Gipfel führt eine Seilbahn und gibt einen Blick auf das gesamte südliche Tessin frei. Ab hier kann man bis zum Monte Tamaro wandern. Besonders belohnt wird das Auge während des Abstieges zur Talstation: Die Aussicht auf den Lago di Lugano und den Lago Maggiore ist grandios. Wieder unten in Migliegia angekommen, bringt der Bus Linie 423 den müden Wanderer zurück bis zum Bahnhof Lamone.

Der Herbst ist besonders für einen Ausflug in den Malcantone zu empfehlen, dann bietet der „***Sentiero del castagno***", der Kastanienweg, oberhalb Arosios, dem höchstgelegenen Ort im Malcantone ein prächtiges Farbenspiel. Schon bei leichtem Wind fallen die braunen, stacheligen Früchte nieder. Die Kastanie hat eine große Bedeutung in der Geschichte des Malcantone, sie war einst Grundnahrungsmittel der armen Landbevölkerung. Wer auf dem Kastanienweg wandert, sollte Zeit mitbringen. Circa fünf Stunden Fußmarsch sollte man auf der ausgeschilderten Route einkalkulieren. Empfehlenswert ist auch der Naturlehrpfad durch den Naturpark Monte Caslano, der am Aussichtspunkt Sassalto endet. Wer Süßes im Sinn hat, dem empfiehlt sich ein Besuch im Schokoladenmuseum von Alprose in Caslano. „Das Alprose Schokoladen-Museum präsentiert die Welt der Schokolade von den Anfängen bis in die heutige Zeit", begrüßt sie den Schokofan und verspricht Kurzweil.

Tourismusverband Piazza Lago 7.CH-6987 Caslano. T. +41 (0)91 606 29 86. F. +41 (0)91 606 52 00. info@malcantone.ch. www.malcantone.ch Lugano-Ponte-Tresa-Bahn Stazione di Lugano. Via C. Maraini. CH-6900 Lugano. T. +41 (0)91 923 23 92. http://flpsa.ch. Alprose Schokoladenmuseum Chocolat Alprose SA. Via Rompada 36. CH-6987 Caslano. T. +41 (0)91 611 88 56. www.alprose.ch. Öffnungszeiten Museum: Montag - Freitag, 9 - 17.30 Uhr, Samstag u. Sonntag, 9 - 16.30 Uhr. Öffnungszeiten Shop: Montag - Freitag, 9 - 18 Uhr, Samstag u. Sonntag, 9 - 17 Uhr. Shop u. Museum sind am 25., 26. Dezember u. 1. Januar geschlossen! Shop u.

Museum schließen am 24. u. 31. Dezember, jeweils ab 13 Uhr! Am Wochenende keine Produktion. Eintritt: Erwachsene: 3 CHF, Kinder 6 - 16 Jahre: 1 CHF, Gruppen ab 10 Personen: gratis.

MUSEUM LUGANO-PONTE-TRESA-BAHN *(FLP)*

Technikinteressierten, allen voran Eisenbahn-Affinados, empfiehlt sich ein Besuch des Museums der Lugano-Ponte-Tresa-Bahn (Ferrovie Lugano-Ponte Tresa) in der Casa Zampini in Ponte Tresa. Auf 80 m2 wird gebührend die Geschichte der Schmalspurbahn gezeigt. Zahlreiche historische Objekte wie Zugkomponenten, Messinstrumente, Werkzeuge sowie Fotografien und Dokumente zeugen von der Entwicklung der Bahngesellschaft. Dabei wird auch der jeweilige zeitgeschichtliche Kontext der Region Unterer Malcantone und ihrer Entwicklung sichtbar. Letztere wäre ohne die Eisenbahn nicht möglich gewesen, war sie doch die meiste Zeit das zentrale Verkehrsmittel. Begleitet wird die dauerhafte Ausstellung zeitweise von ehemaligen Mitarbeitern der FLP. Sie berichten von ihren Erlebnissen und Erfahrungen im Alltag der Schmalspurbahn. Als Zeitzeugen lassen sie so ihre über hundertjährige Geschichte lebendig werden.

Das neue Museum wurde 2012 pünktlich zum 100-jährigen Bestehen der FLP unter Kurator Franco Corecco eingeweiht. Corecco zeigte bei der Auswahl der Exponate ein glückliches Händchen, stand er doch als Betriebswerkleiter viele Jahre in Diensten der Bahn. Für ihn war die Lugano-Ponte-Tresa-Bahn mehr als nur Arbeitgeber, er beschäftigte sich auch in seiner Freizeit leidenschaftlich mit der Geschichte dieser Schmalspurbahn. Das Museum der FLP liegt zu Fuß 10 Minuten von der Endstation entfernt. Mit Anmeldung kann das Museum auch außerhalb der Öffnungszeiten besucht werden. ***Museo Ferrovie*** Luganesi Vicolo Ponte Vecchio 6. CH-6988 Ponte Tresa. Büros der Direktion der Ferrovie Luganesi AG (FLP). Öffnungszeiten dienstags u. freitags, 14 - 17 Uhr. Eintritt frei. November - März geschlossen. T. +41 (0)91 605 13 05. www.flpsa.ch/de/museum-de

PARCO SCHERRER

Der bloße Name Scherrerpark drückt nicht das aus, was dieser Park dem Besucher bietet. Diese Anlage ist mit normalen Maßstäben nicht zu messen und die Attraktion in Morcote. So trifft man auf einen griechischen und einen ägyptischen Tempel. Ein paar Schritte weiter steht man vor einem siamesischen Teehaus. Im Scherrerpark - benannt nach dem Gestalter und früheren Eigentümer Arthur Scherrer - bilden Vergangenheit und Gegenwart sowie Kultur und Natur eine künstlerische Symbiose. So ist das

Gelände in zwei Bereiche unterteilt: Einer zeigt asiatische und orientalische Landschaften mit ihrer Vegetation und Architektur, der andere Teil spiegelt die Mittelmeerregion wieder. Der Besucher wird zuerst durch den im Barock- und Renaissancestil gestalteten Mittelmeergarten geführt. Der Weg ist von zahlreichen Statuen gesäumt. Man trifft hier auf Tempel aus dem Mittelmeerraum, die im Miniaturformat reproduziert wurden. Dann folgt der orientalische Teil, der ein beeindruckendes Landschaftsbild mit siamesischen, arabischen und indischen Bauten, ebenfalls en miniature und in üppige Bambuspflanzungen eingebettet, zeigt. Arthur Scherrer war Landschaftsgärtner und Tuchhändler mit Kunstsinn. Der 1881 in Sankt Gallen geborene Romantiker suchte einen Rückzugsort und kaufte das Haus im Jahr 1930. Die idyllische Lage am Ufer des Sees sowie am Fuß des Arbostoraberges begeisterten und inspirierten ihn. Zuerst renovierte er das Haus. Anschließend formte er nach und nach den Garten zu einem Park und siedelte allerlei exotische Pflanzen an, die er auf seinen Fernreisen gesehen hatte. Eigentlich wollte Scherrer seinen Garten nur mit Kunstwerken der Bildhauerei sowie mit orientalischen Bauwerken im Miniaturformat ausbauen. Doch die Mittelmeerregion faszinierte ihn ebenso, weswegen er diese Lage mit meditteranem Flair gewählt hatte. Kurzerhand nahm er die charakteristischen Merkmale in sein Ensemble auf. Arthur Scherrer starb 1956. 1965 kaufte die Gemeinde Morcote von seiner Ehefrau Amalia den Park. Ihr ausdrücklicher Wunsch: Der Park soll der Öffentlichkeit zugänglich sein. Das kleine Paradies kann aber auch für kulturelle oder private Veranstaltungen genutzt werden. Der Park wird heute so erhalten, wie er ursprünglich von der Familie Scherrer angelegt wurde. ***Parco Scherrer*** Vicinanze lungolago. CH-6922 Morcote. T. +41 (0)91 996 21 25. T. +41 (0)91 986 00 00. www.morcoteturismo.ch. Öffnungszeiten: 15. März - 31. Oktober, 10 - 17 Uhr. Juli u. August, 10 - 18 Uhr. Eintritt: Erwachsene: 7 CHF, Kinder unter 16 Jahren: 2 CHF, Studenten: 6 CHF, Gruppen ab 10 Personen: 6 CHF, Grundschulen: gratis

MONTE SAN GIORGIO

Der 1 100 Meter hohe Monte San Giorgio am südlichen Ende des Luganer Sees ist eine paläontologische Fundgrube und somit eine der weltweit bedeutendsten Fossillagerstätten des mittleren Trias. Diese Periode liegt ca. 201,3 bis 252,2 Millionen Jahre zurück. Seit 1850 werden die Fossilien von schweizerischen und italienischen Paläontologen ausgegraben und wissenschaftlich dokumentiert. Bis heute ist der Berg das Epizentrum dieser erdgeschichtlichen Disziplin. Das fossile Erbe ist so bedeutend, dass der Monte San Giorgio - auch Saurierberg genannt - einen Eintrag in die UNESCO-Welterbeliste schaffte. 2003 erfolgte zunächst die UNESCO-Ehrerweisung für das schweizerische, 2010 dann für das italienische Gebiet. Tausende versteinerter Fische und Meeressaurier wurden bereits ausgegraben. Während des Trias befand sich an diesem Ort ein 100 Meter tiefes Meer, in dem Tiere teilweise gigantischen Ausmaßes schwammen. Während der Ausgrabungen wurden gut 80 verschiedene Fischarten und

30 Meeres- und Landreptilien entdeckt. Ferner fanden Forscher hunderte versteinerte wirbellose Tiere und Pflanzen aus dem Mittel-Trias. Empfehlenswert ist ein Besuch des Fossilienmuseums von Meride. Dort können versteinerte Tiere und Pflanzen aus dem weltweit einmaligen UNESCO-Weltnaturerbe des Monte San Giorgio betrachtet werden. ***Fossilienmuseum Monte San Giorgio*** Via Bernardo Peyer 9. CH-6866 Meride. T. +41 (0)91 640 00 80. F. +41 (0)91 646 17 37. info@montesangiorgio.org. www.montesangiorgio.org. Öffnungszeiten: Dienstag bis Sonntag, 9 - 17 Uhr; Ostermontag u. Pfingstmontag geöffnet, 25. Dezember u. 1. Januar geschlossen! Eintritt: Erwachsene: 12 CHF, Kinder bis 6 J. gratis, von 6 bis 16 J.: 6 CHF, Studenten: 8 CHF. Führungen im Museum, Audio-Guide 3 CHF.

FOSSILIENMUSEUM MERIDE

Man kann es nicht verfehlen, das Fossilienmuseum liegt im Dorfzentrum von Meride. Was den Besucher hier erwartet , ist ein paläontologischer Querschnitt durch den Trias. Die Ausstellung präsentiert versteinerte Tiere und Pflanzen aus dem UNESCO-geweihten Monte San Giorgio. Bereits am Eingang „begrüßt" die 2,5 Meter lange Nachbildung des Landsauriers Ticinosuchus den Besucher. Auf vier Etagen können sie die Vielfalt an Lebewesen betrachten, die vor 245 bis 180 Millionen Jahren das Meer und seine Küste im Südtessin bevölkerten. Illustrationen und Modelle zeigen diese längst ausgestorbene Welt, deren Fossilien seit 1850 von schweizerischen und italienischen Fachleuten ausgegraben, präpariert und wissenschaftlich beschrieben wurden. Die ausgezeichnet erhaltenen Skelette aus der Mittel-Trias haben den „Berg der Saurier" als UNESCO-Weltnaturerbe weltberühmt gemacht. Das Fossilienmuseum wurde nach den Plänen des Tessiner Architekten Mario Botta umgebaut und am 13. Oktober 2012 eingeweiht.

RADIO MUSEUM RIVERA

Ein Streifzug durch die Geschichte des Rundfunks seit 1895, als der italienische Radiopionier Guglielmo Marconi erste Versuche der drahtlosen Telegrafie in den Schweizer Alpen startete, bis heute: Zu sehen sind Radioempfänger, Senderteile, Messgeräte sowie Elektronenröhren. Es gibt auch eine Bibliothek für Übertragungstechnik und die Geschichte der drahtlosen Kommunikation. ***Museo della Radio*** Stazione Radio del Monte Ceneri. CH-6802 Rivera. T. +41 (0)79 620 02 06. Öffnungszeiten: Erster Mittwoch des Monats, 9 - 17 Uhr oder auf Anfrage, Eintritt frei.

GRAPPAMUSEUM CASTELROTTO

Das Museum zeigt vier Typen von Destillierkolben, die seit 1900 im Tessin genutzt werden. Im Fundus existiert auch ein Wanderdestillierkolben aus dem Jahr 1910. Es wird der Herstellungsweg von der Traubenlese bis zu den Endprodukten Wein und Grappa beschrieben. ***Museo della Grappa*** CH-6980 Castelrotto. T. +41 (0)79 449 36 54. Öffnungszeiten: Dienstag - Sonntag 10 -12 Uhr / 14 -17 Uhr. Eintritt frei.

MUSEUM DER ***GOLDMINE SESSA***

Das Museum beherbergt das Archiv von Giuseppe „Beppe" Zanetti, Bürgermeister von Sessa, und Museumsgründer. Es werden diverse Objekte und Fundstücke aus dem örtlichen Bergbau sowie die Nachbildung eines Stollens gezeigt. Bücher und Dokumente aus der Zeit des Bergbaus können ebenso eingesehen werden. ***Museo della Miniera d'Oro*** Cà du Lol / Piazza da Sora 1. CH-6997 Sessa. T. +41 (0)78 686 69 97. zanetti.luana@hotmail.com. Öffnungszeiten: 1. April - 31. Dezember, Dienstag u. Samstag, 10 - 17 Uhr u. auf Anfrage, Eintritt: 5 CHF.

FISCHEREIMUSEUM CASLANO

Die Ausstellung zeigt die spannende Welt der Fischerei von der Urgeschichte bis heute. Es werden historische Fotografien vom Beginn des vergangenen Jahrhunderts sowie zeitgenössische Bilder aus der lokalen Fischerei präsentiert. Die ständige Ausstellung umfasst mehrere hundert Exponate. Dabei lässt die Vielfalt an Themen kaum Wünsche offen: Ob Bootsbau, die Herstellung von Fischernetzen oder antike Fischereitechniken, das Museum bietet ein breites Spektrum der Fischereigeschichte. Hervorzuheben sind vor allem die Aalfischerei im Fluss Tresa. Einst war für die Fischer aus dem Malcantone der Aalfang von großer wirtschaftlicher Bedeutung. Weiter werden die heutige Berufs- und Sportfischerei ausführlich dokumentiert. Highlight: Jedes Jahr zelebriert das Museum im Park der Villa, stimmungsvoll direkt am See gelegen, die beliebte Fisch-Degustation. Bei dieser Gelegenheit können die drei alten, voll ausgerüsteten Fischerboote bewundert werden. Zwei stammen vom Luganer- und eines vom Langensee. ***Caslano Museo della Pesca*** Via Meriggi 32. CH-6987 Caslano. T. +41 (0)91 606 63 63. F. +41 (0)91 606 66 58. museopesca@bluewin.ch. www.museodellapesca.ch. Öffnungszeiten: 1. April - 30. Juni, 1. September - 30. Oktober. Dienstag, Donnerstag u. Sonntag 14 -17 Uhr; 1. Juli - 31. August Dienstag, Donnerstag u. Sonntag 16 - 19 Uhr. Eintritt 5 / 3 CHF.

MORCOTE

Nach Morcote gelangt man von Melide aus entlang der Seeuferstraße in südlicher Richtung. Von Carona aus führt eine teilweise sehr schmale, kurvenreiche Straße über Vico Morcote nach Morcote, die Autofahrern größte Aufmerksamkeit abverlangt. Wer nicht mit Fahren beschäftigt ist, kann herrliche Aussicht genießen.

Morcote liegt etwa 10 km von Lugano entfernt sehr malerisch am Seeufer am Fuße des Monte Arbòstora (822 m). Der Ortsname stammt von „morae caput", lateinisch etwa „Kopf des Hügels". Genau gegenüber am südlichen Seeufer liegt das italienische Hafenstädtchen Porto Ceresio. Im 10. Jh. erstmals als „Murcau" urkundlich erwähnt und später wichtiger Handelsort, verlor Morcote mit dem Bau des Ponte Diga allmählich an wirtschaftlicher Bedeutung. 1862 wurde das Städtchen von einem Erdrutsch schwer getroffen. Im 20. Jahrhundert ging es wieder aufwärts: Morcote hat sich besonders seit den 1980er Jahren zum beliebten Tourismusziel und begehrten, sich immer noch ausbreitenden Wohnort entwickelt. Prominente begeisterten sich für die wunderbare Lage und Idylle des Ortes: Peter Alexander (1926-2011) besaß ein Urlaubsdomizil im Ortsteil Arbostora namens „La Sorgente", und Schlagerkomponist Gerhard Winkler (1906 -1977, „Die Capri-Fischer") verbrachte seine Sommer gern in einer Villa in Morcote. Der vielbesuchte Ort mit sehr wenigen, meist kostenpflichtigen Parkplätzen wird überragt vom Castello Paleari (461 m, Richtung Alpe Vicania) und bietet mehrere Palazzi, den wunderschönen Parco Scherrer, eine gewaltige, zypressengesäumte Kirchentreppe (Scalinata monumentale) mit rund 400 Stufen, einen malerischen Friedhof mit einigen Prominentengräbern sowie einer fotogenen, von Arkaden gesäumten Uferpromenade. Die Kirche Santa Maria del Sasso, die aufs 13. Jahrhundert zurückgeht, erfuhr im 15. Jahrhundert einen Umbau im Renaissancestil und ab 1758 eine erneute Umgestaltung im Stil des Barock. Ursprünglich befand sich der „Giardino delle meraviglie" (Wundergarten) im Privatbesitz des romantisch angehauchten, kunstbegeisterten Schweizer Kaufmanns Arthur Scherrer (1881 -1956; s. S. 174). Er hatte unter anderem die Fachschule für Weberei in Aachen besucht und betrieb in München ein bekanntes Herrenmodehaus im britischen Stil. 1965 überließ seine Witwe Amalia den wunderbaren subtropischen Park der Gemeinde Morcote, mit der Auflage, ihn in einen öffentlichen Park zu verwandeln. Palmen, Zypressen, Oleander, Zitrusfrüchte, Kamelien, Azaleen und viele weitere Pflanzen wuchern und blühen hier in üppiger Pracht zwischen Kunstwerken aus aller Welt und Bauten in einem munteren Stil-Mischmasch. Oft finden Konzerte und Aufführungen in dem Park statt. Öffnungszeiten: 15. März bis 15. Oktober täglich 10-17 Uhr (1. Juli bis 31. Aug bis 18 Uhr). Eintritt 7 CHF (Erw.). Parco Scherrer. 6922 Morcote. T +41 (0)91 996 2125. F +41 (0)91 996 00 09. municipio@morcote.ch.

FRIEDHOF - CIMITERO

Der Friedhof ist in Terrassen über dem See angelegt. Man erreicht ihn über eine Abzweigung der Straße nach Vico Morcote/Carona. Er beherbergt die Gräber vieler Künstler, darunter des prominenten Theaterschauspielers Alexander Moissi (1879-1935), des russischen Opernbaritons Georges Baklanoff (1882-1938), des deutschen Bühnenautors Georg Kaiser (1878-1945), des deutschen Schlagertexters Kurt Feltz (1910-1982) und des deutschen Komponisten und Pianisten Eugen d'Albert (1864-1932).

Tourismusbüro Ente Turistico del Luganese Riva dal Garavell. 6922 Morcote. T +41 (0)58 866 4960. F +41 (0)58 866 4969. morcote@luganoturismo.ch. www.luganoturismo.ch.

UNTERKÜNFTE

(1) ***Carina Carlton*** 23 Zimmer, im Sommer Außen-Pool, Nichtraucher, W-LAN, Sonnenterrasse, Restaurant am See mit gehobener regionaltypischer Küche, spezielle Diät auf Anfrage, Haustiere gegen Aufpreis erlaubt. Das Hotel ist die frühere Casa Fossati, eine 1868 vom Architekten Gaspare Fossati, der von 1845 an die Hagia Sophia in Istanbul restaurierte, erbaute Villa. Riva da Sant'Antoni. 6922 Morcote. T +41 91 9961131. (2) ***Albergo Ristorante della Posta*** 8 Zimmer, ab 95 CHF inkl. Frühstück, Halbpension ab 29,50 CHF/Person, im historischen Ortszentrum, Nähe Fährhafen (80 m), Nichtraucher, Seerestaurant (Spezialitäten: Fisch und Holzofen-Pizza), Bar, Strand, Bootsanlegestelle, WLAN, Haustiere erlaubt, geöffnet März bis Ende Oktober. Piazza Grande. 6922 Morcote. T +41 91 996 11 27. F +41 91 996 17 79. www.hotelmorcote.com/de/.

UNTERWEGS ZWISCHEN **MORCOTE** UND **AGNO**

Das Uferstück zwischen Morcote und Agno mit schönen Grundstücken direkt am See ist fest in der Hand Einheimischer. Die Strecke wird in den frühen Morgenstunden gerne von Hobby-Radrennfahrern genutzt, der Autoverkehr hält sich in Grenzen. Je weiter es in den Norden geht, desto schwieriger wird der Zugang zum Wasser, alles ist bis auf den letzten Meter bebaut. Der Badeplatz in Figino ist allerdings eine löbliche Ausnahme, Parkplätze gibt es in ausreichender Zahl. In Agno angekommen, fällt zunächst das große Uferareal rund um die Mündung des Flusses Vedeggio auf. Das große Areal dient fast ausschließlich der Freizeit, es gibt Campingplätze, Strandbäder und einen parkähnlichen Uferbereich. Dahinter liegt Agno mit dem älteren Ortsteil auf einer kleineren Erhebung mit der exponierten Chiesa Collegiata dei Santi Giovanni Battista e Provino. In Agno ist der internationale Airport Lugano angesiedelt.

PORTO CERESIO

Porto Ceresio gehört zur Provinz Varese in der Lombardei und liegt am westlichen Südende des Luganer Sees. Interessant ist die topografische Lage der Gemeinde, das Gemeindegebiet erstreckt sich in Hanglage von 210 bis 955 Meter über dem Meeresspiegel. Wenig mehr als 3 000 Einwohner siedeln in diesem beschaulichen Ort, dessen Leben und Zentrum sich auf das Ufer und den Hafenbereich konzentriert. Bereits im 13. Jahrhundert wurde Porto Ceresio als Fischerdorf schriftlich erwähnt. Im Lauf der Zeit errichteten italienische Kirchengemeinden und Verwaltungsbezirke diverse Kirchen- und Sakralbauten. Auch Künstler und Bildhauer entdeckten die Schönheiten Porto Ceresios und machten den Ort bekannt als Ursprungsort von Handwerk und Kunst internationalen Ranges. Einen Eindruck des Schaffens von Bildhauern, Stuckateuren und Malern aus diesem Dorf erhält man beim Besuch der Kirche Sant'Ambrogio aus dem Jahre 1722 und der Ausstellung im „Museo Etnografico Appiani Lopez". Kleine Restaurants und Cafés an der Hafenpromenade laden zum Verweilen ein. Muße und Entschleunigung sind hier angesagt. Auch wenn der Massentourismus Porto Ceresio noch nicht überrollt hat, schätzen immer mehr Touristen den Ort und seine Umgebung. Die einzigartige Lage, die angenehme Luft- und Wassertemperatur sowie die Wassersportmöglichkeiten sprechen sich herum. Eine Bootspartie ins gegenüber liegende Morcote? Oder einfach nur mit dem Boot auf dem See treiben und die Schönheit Porto Ceresios von der Seeseite genießen? Zu empfehlen ist auch eine Schifffahrt von Lugano aus. Wer in Porto Ceresio logiert, dem sei ein Ausflug in die Nachbargemeinden Brusimpiano, Meride und Brusi-

no Arsizio empfohlen. Man kann mit dem Auto die schöne Uferstraße oder den Weg über die Serpentinen der umliegenden Berge wählen. Von oben bietet sich ein herrliches Panorama über Porto Ceresio sowie die Bucht bis nach Morcote. Wanderer kommen ebenso auf ihre Kosten: Empfehlenswert ist eine Tour zur Cadorna-Verteidigungslinie, die während des Ersten Weltkrieges errichtet wurde.

UNTERKÜNFTE

(1) ***Hotel Ristorante Il Cannetto*** Via Bertolla, 57. 21050 Porto Ceresio. T +39 0332 91 76 33. www.albergoilcanneto.com. (2) ***Agriturismo Azienda Agricola Gessaga Rosalba*** Località Ca' del Monte, 20. 21050 Porto Ceresio. T +39 0332 91 72 73.

ESSEN *UND* ***TRINKEN***

(1) ***Altea*** Via Butti, 35. 21050 Porto Ceresio. T +39 0332 91 75 95. Ordentliches Lokal in guter Lage. La Piazzetta Di Casadei Piazza Bossi, 15. 21050 Porto Ceresio. Wagenradgroße Pizzen; die Nr. 1 im Ort. (2) ***Gelateria Il Golosone*** Via Butti 61, 21050 Porto Ceresio. Bestes Eis in der Gegend.

PONTE TRESA UND LAVENA

Ponte Tresa ist die flächenmäßig fünftkleinste Gemeinde der Schweiz. Sie umfasst nur eine winzige Fläche von knapp 41 Hektar. Das Städtchen liegt zusammen mit Caslano am Ende eines kleinen Sees, der durch den beherrschenden Monte Caslano vom Hauptarm des Luganer Sees abgetrennt wurde (abgesehen von einer schmalen Durchfahrt bei Laveno). Bemerkenswerterweise ist der kleine Ort zweigeteilt: ***Mitten hindurch führt die Grenze***. Genau unter der Grenzstation fließt die Tresa, der einzige Abfluss des Luganer Sees, aus dem See hinaus. Die Schmalspurbahn Lugano-Ponte Tresa (abgekürzt FLP für Ferrovia Lugano-Ponte Tresa) bildet eine gute Verbindung zwischen den beiden Orten. Von Ponte Tresa aus fährt die Bahn über Caslano, Magliaso, Agno, Bioggio, Sorengo nach Lugano, wo der FLP-Bahnhof sich neben dem Bahnhof der SBB befindet.

Von Lavena aus führt eine schmale, kurvenreiche Straße an Brusimpiano vorbei über Marzio auf den Monte Piambello (1 129 m). Dieser bietet schöne Mountainbike-und Wanderstrecken. Manche Wege bringen den Wanderer mit der Linea Cadorna in Berührung. Eine Linea-Cadorna-Tour von Marzio aus: Startpunkt ist die Infostelle an der Piazza Berini in Marzio. Man folgt der Via Menefoglio ins Zentrum, dann folgt man der Via Bolchini mit schöner Sicht. An deren Ende befindet sich der Beobachtungsposten von Marzio mit Schützengräben und ehemaligen Geschützstellungen. Dahinter überschreitet man eine Wasserscheide und erreicht einen Weg nach Marchialo. Hinter einer Steinbrücke, die „***Ponte del Diavolo***" (Teufelsbrücke) genannt wird, erreicht man Cascina Bozzolo, einen mit Befestigungsanlagen und Schützengräben (trincee) geschützten Platz.

Die weitere Wanderung führt nach Alpe di Fiori, wo man das Bergpanorama genießt, sodann Richtung Monte Piambello, am Sass di Böll (980 m) vorbei, der ein schönes Panorama nach Norden ins Tessin und nach Marzio bietet. Der Gipfel des Monte Piambello war in Kriegszeiten mit einer großen Geschützbatterie bewehrt. Vom „canoniere"-Aussichtspunkt aus hat man einen wunderbaren Rundumblick über die angrenzenden Täler. Informationen, weitere Wanderungen und Unterkünfte: www.vareselandoftourism.it.

UNTERKÜNFTE

(1) ***Villa del Sole Garni*** Via Purasca. 6988 Ponte Tresa. T +41 (0)91 606 57 22. Hat durchwegs gute Bewertungen, die Preise sind schweizerisch. www.villadelsole.ch

ESSEN *UND* TRINKEN

(1) ***Osteria del Lago*** Via Lungolago XXV Aprile,14. 21037 Lavena Ponte Tresa. Gute und günstige Speisen in einer tollen Lage. T +39 (0)332 550108. (2) ***Ristorante dal Pescatore*** Via XXV Aprile, 6. 21037 Lavena Ponte Tresa. T +39 0332 550165. Einfaches Fischrestaurant.

Der italienische Teil des Ortes gehört zur Gemeinde **Lavena Ponte Tresa**; interessant wird der Ort. wenn Straße etwa zwei Kilometer folgen. Auf der **Piazza Mercato** wird samstags von 8 bis 18 Uhr ein großer Markt abgehalten, in dem es außer Lebensmitteln auch Kleidung, Taschen und andere Mitbringsel gibt. Darüber hinaus erfreut sich der kleine Ort am schmalen Durchgang größter Beliebtheit. Der kleine Hafenbereich mit zwei gut besuchten Lokalen ist sehr einladend und unbedingt einen Besuch wert. **Caslano** ist hauptsächlich durch den **Golf Club Lugano** bekannt, der sich auf einem riesigen grünen Areal befindet. Der weitgestreckte Ort selbst beherbergt lediglich zahlreiche Wohnhäuser, nur am östlichen Uferbereich (ausgerichtet zum Hauptarm) kann man von einem kleinen gewachsenen Ortskern mit angrenzendem Strandbereich sprechen.

IMPRESSUM

Unsere Produkte werden ausschließlich in Deutschland hergestellt; eine kostenminimierende Produktion im Ausland kommt für uns nicht in Frage. Wir danken Ihnen für den Kauf eines unserer Produkte.

TEXTE UND RECHERCHE

Robert Hüther, verschiedene Autoren

FOTOS, ABBILDUNGEN UND WANDERKARTEN

Robert Hüther; Kartografie - www.alpenkarte.eu

HERAUSGEBER

Zwischenräume Verlag - Robert Hüther
Markbronner Weg 11
D-89077 Ulm

ISBN 978-3-943663-37-2 | 2. Auflage 2024

DRUCK

Wir machen Druck, Backnang

ABGRENZUNG

Die in dieser Publikation angegebenen Links verstoßen weder gegen Sitten noch Gesetze, was genau einmal geprüft wurde, bevor sie hier aufgenommen wurden.

KEINE HAFTUNG

Die Inhalte dieser Publikation wurden sorgfältig geprüft und nach bestem Wissen erstellt. Aber für die hier dargebotenen Informationen wird kein Anspruch auf Vollständigkeit, Aktualität, Qualität und Richtigkeit erhoben. Es kann keine Verantwortung für Schäden übernommen werden, die durch das Vertrauen auf die Inhalte dieser Publikation oder deren Gebrauch entstehen.

SCHUTZRECHTSVERLETZUNG

Falls Sie vermuten, dass von dieser Publikation aus eines Ihrer Schutzrechte verletzt wird, teilen Sie das bitte umgehend per elektronischer Post mit (info@zwischenraeume-verlag.de), damit zügig Abhilfe geschaffen werden kann. Bitte nehmen Sie zur Kenntnis: Die zeitaufwändigere Einschaltung eines Anwaltes zur für den Diensteanbieter kostenpflichtigen Abmahnung entspricht nicht dessen wirklichem oder mutmaßlichem Willen.

BILDNACHWEIS

Fotos auf den Seiten: Titelseite Ekaterina Pokrovsky, 123rf.com. Backcover, Innenseiten /Umschlag) alpenkarte.eu. S. 1, kleiner Fotograf; 39 travelpeter; 40 Sussanguth; 50 Caludia Hake; : alle fotalia.com. S.2 mor65, elesi; S. 6,72,79 lianem; S.19,53 Alexandre Zveiger; S. 31 Ekaterina Pokrovsky; S.32/33,43,57,63,95,104 Stefan Ember; S. 48 liligraphie: S. 95 (unten) Werner Büchel; S. 98 Aleksandrs Jemeljanovs; S. 109 Anton Ivanov; S. 112,113 elesi alle 123rf. S. 10,27,33,37,44,46,54,60,73,80,82,83,84,99,101,105 wikipedia.org. S. 11,22,24,36,39,41,55,78, swissandmore.de. S. 18,35 booking.com. S. 29,40,56,71,75 lakelucerne.com. S.73 (untern) pixelio.de. S. 89 cavalledelbisbino.it.

LAGODILUGANO